Margot Käßmann

SEID MUTIG UND STARK

Es ist an der Zeit,
Haltung zu zeigen

Inhaltsverzeichnis

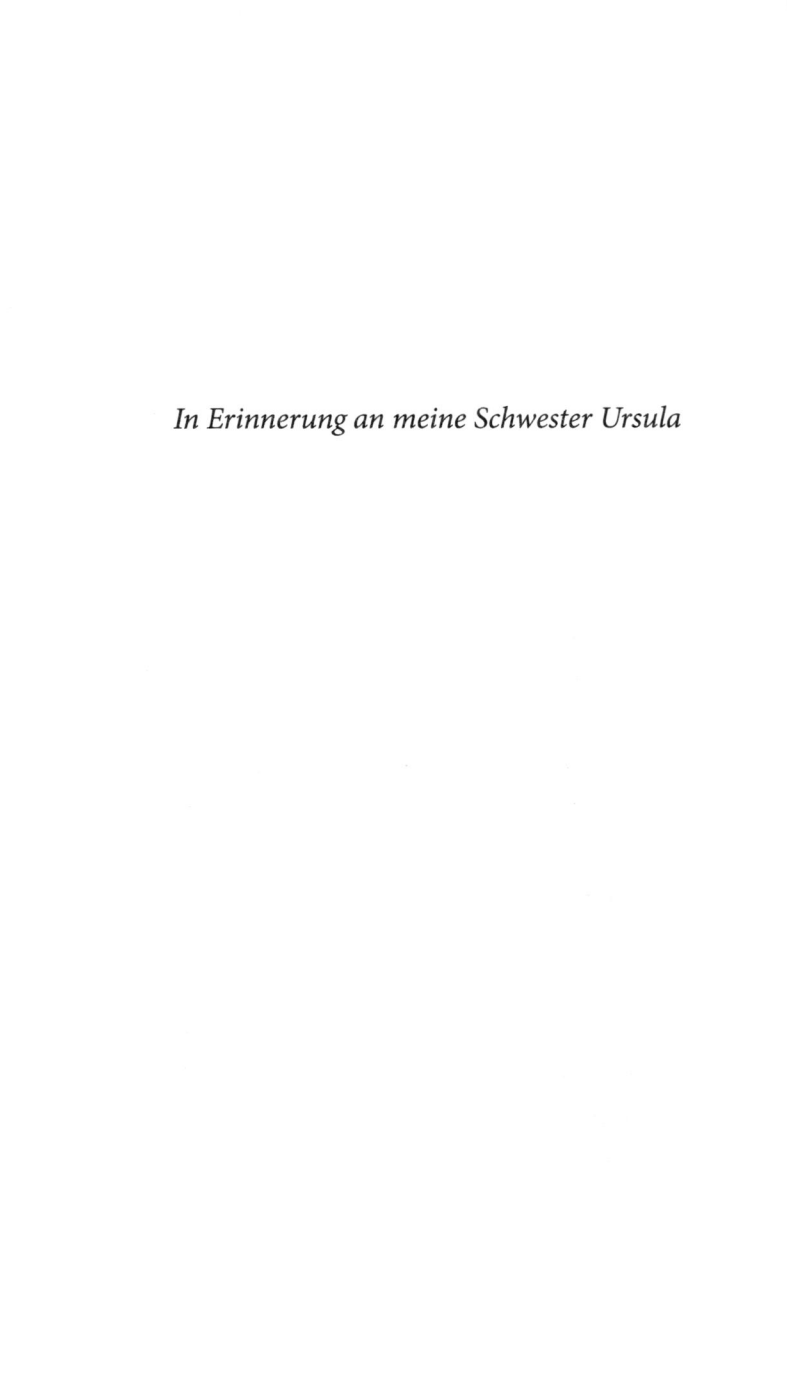

In Erinnerung an meine Schwester Ursula

Seid mutig und stark

Christsein findet nicht in einer privaten Nische abseits der Welt statt. Der Apostel Paulus schreibt in seinem ersten Brief an die Gemeinde in Korinth: »Wachet, steht im Glauben, seid mutig und seid stark! Alle eure Dinge lasst in der Liebe geschehen!« (1. Ko. 16,13) Damit fordert er die Gemeinde auf, im Glauben an Jesus Christus festen Halt zu finden. Dann aber auch in der Welt entsprechend zu handeln.

Ja, es braucht »Mut, Engagement und Herz«, unser aller Einsatz für Demokratie und Menschlichkeit. Es ist notwendig, Position zu beziehen: gegen Hass und Hetze, rechtes Gedankengut, Ungerechtigkeit, Armut, Umweltzerstörung, Kriegstreiberei.

In diesem Buch blicke ich auch auf die Geschichte des protestantischen Widerstandes und besondere Menschen zurück, die den Evangelischen Kirchentag geprägt haben. Da finden sich für mich ermutigende Vorbilder.

Als 1949 der erste Deutsche Evangelische Kirchentag in Hannover stattfand, herrschte materielle Not, viele Menschen waren in der Folge des Zweiten Weltkrieges traumatisiert, sie litten unter Ohnmachtsgefühlen und verdrängten oft, was geschehen war. Alle sehnten sich nach Hoffnung und Zuversicht, neuen Formen der Gemeinschaft. Dieses Anliegen griff Reinold von Thadden-Trieglaff, der Mitbegründer und erste Präsident des Kirchentages, auf.

Im sogenannten Dritten Reich hatte er sich als Mitglied der »Bekennenden Kirche« gegen die nationalsozialistischen Machthaber engagiert. Drei seiner fünf Söhne starben als Soldaten im Krieg, seine Schwester Elisabeth von Thadden wurde als Widerstandskämpferin vom Volksgerichtshof zum Tode verurteilt und im September 1944 hingerichtet. Der erste

Kirchentag sollte in der Nachkriegszeit ein Zeichen gegen die Nationalsozialistische Gewaltherrschaft setzen und einen Neuanfang wagen. Organisiert wurde die Veranstaltung von einer Laienbewegung, nicht nur, weil die großen Kirchen im »Dritten Reich« weitgehend versagt hatten, sondern weil das neue Vorhaben auch nicht von offizieller Seite unterstützt wurde. Es begann klein – 6000 Teilnehmende kamen zusammen. Fünf Jahre später versammelten sich in Leipzig 650000 Menschen – die bislang größte protestantische Veranstaltung in Deutschland.

Der Kirchentag war über Jahrzehnte geistliche Heimat für mich, der ich viel verdanke, auch meine gesellschaftspolitische Haltung. Außer 2022 habe ich seit 1979 an jedem Kirchentag teilgenommen. 2025 findet er in Hannover unter der Losung »mutig-stark-beherzt« statt. Ich freue mich darauf.

Für einen Podcast wurde ich gefragt, was mein »Lieblingssong« sei. Nach einigem Überlegen habe ich gesagt: »Es ist an der Zeit« von Hannes Wader. Eine Antikriegshymne, die viele für den Frieden engagierte Menschen meiner Generation geprägt hat. Der Titel dieses Buches ist eine Kombination aus beidem, der Kirchentagslosung 2025 und dem Titel des Liedes. Denn ich bin überzeugt: Es ist auch heute an der Zeit, Haltung zu zeigen, mutig und stark zu sein angesichts vieler Herausforderungen.

Wir müssen nicht verzagen. Jede und jeder kann etwas dazu beitragen, dass die Welt ein wenig besser wird. Und es gibt die Kraft der Gemeinschaft, die große Veränderung bewirkt.

Immer wieder wurde mir vorgehalten, es gebe in meinen Predigten zu viele politische oder gesellschaftliche Bezüge, ich solle mich doch auf »das Eigentliche« der Verkündigung beschränken. Aber was ist »das Eigentliche«? Wer das einfordert, wünscht sich eine Kirche und ein Evangelium, die nichts mit der Welt zu tun haben. Das aber ist der Bibel fremd, ihre Texte stehen immer mitten im Leben. Es geht darum, das eigene Gewissen an der Bibel zu schärfen, Vernunft walten zu lassen, um dann zu einer Haltung zu gelangen. Das hat Martin Luther deutlich gemacht, als er sich auf dem Reichstag zu Worms mutig weigerte, seine Schriften zu widerrufen.

Ich widme dieses Buch meiner Schwester Ursula. Sie ist im Oktober 2024 an einem Hirntumor verstorben. Wir haben so viel miteinander erlebt in der Kirchengemeinde, im Posaunenchor, den sie geleitet hat, bei Kindergottesdienstfreizeiten, auf Kirchentagen. Bei ihrer Beerdigung waren sehr viele Menschen dabei, die aus dem Iran, Syrien, Afghanistan nach Deutschland geflüchtet sind und von ihr begleitet wurden auf dem Weg, sich hier zu beheimaten. Sie hat vieles möglich gemacht, so viele nervenaufreibende bürokratische Hürden für andere genommen. Das war mutig und stark, dafür habe ich sie bewundert. Und dafür wird sie von vielen liebevoll erinnert. Von mir aber als große Schwester, die mir oft zur Seite stand...

Meine persönliche Kirchentagsgeschichte

Auf meine Haltung hat zum einen Martin Luther King großen Einfluss. Als ich als Jugendliche seine Predigten nachgelesen und nachgehört habe, wurde mir klar: Frömmigkeit und Engagement in der Welt gehören zusammen. Zum anderen hat mich die Kirchentagsbewegung geprägt. 1979 habe ich zum ersten Mal einen Kirchentag besucht. Damals in Nürnberg war ich begeistert, wie etwa Dorothee Sölle die Bibel zum Leuchten brachte in ihrer Bibelarbeit. Oder wie Heinz Zahrnt in seinen Vorträgen zeigte, dass theologisches Denken in verständlicher Sprache weitergegeben werden kann. 1981 in Hamburg wurde der Kirchentag zur Plattform der Friedensbewegung. 1983 in Hannover waren die lila Tücher, auf denen stand:

»Umkehr zum Leben. Die Zeit ist da für ein Nein ohne jedes Ja zu Massenvernichtungswaffen« eine Art Markenzeichen des Kirchentages. Zu sehen war eine Kirche, die einen Mann mit Rakete in der Hand der Tür verweist. Ich war Mitte 20 und hatte das Gefühl, hier die Gemeinschaft gefunden zu haben, die aus gemeinsamer Glaubensüberzeugung die Gesellschaft verändern kann. Von diesen Kirchentagen wurde eine ganze Generation evangelischer Christinnen und Christen geprägt! 114 500 Teilnehmende wurden beim Kirchentag 1983 in Hannover gezählt, am Schlussgottesdienst nahmen 95 000 Menschen teil. In diesem Jahr habe ich als Gemeindepfarrerin meine erste Predigt gehalten.

Schließlich war der Ökumenische Rat der Kirchen das Umfeld, in dem meine Haltung in gesellschaftlichen und politischen Fragen, aber auch die Haltung meines Glaubens herausgebildet wurde. Die Begegnung mit Christinnen und Christen aus Afrika, Asien, Lateinamerika hat meinen Horizont ungeheuer erweitert. Ich habe begriffen, dass Theologie nicht abstrakt, also ohne den Kontext, in dem sie betrieben wird, entsteht. Fast zwanzig Jahre war ich Mitglied im Zentralausschuss, sieben davon auch im Exekutivausschuss.

Später habe ich mich selbst für den Kirchentag engagiert, Posaune gespielt im Schlussgottesdienst, eine Forumsleitung zur Kurdenfrage koordiniert.

1985 beim Kirchentag in Düsseldorf hat der Physiker Carl-Friedrich von Weizsäcker den Vorschlag unterbreitet, die Kirchen sollten ein Konzil des Friedens ins Leben rufen. Das erzielte großes mediales Interesse. Ich habe gewagt, dem angesehenen Mann zu widersprechen. Es griff – nicht nur aus meiner Sicht – zu kurz.

Denn zwei Jahre zuvor hatte der Propst von Erfurt, Heino Falcke, im Namen der Delegation des Bundes der Evangelischen Kirchen in der DDR, bei der sechsten Vollversammlung des Ökumenischen Rates der Kirchen in Vancouver exakt diesen Vorschlag vorgetragen. Für mich war sehr plausibel, dass die Kirchen aus Südafrika und dem Pazifik gefordert haben, das zu modifizieren: Gerechtigkeit, Frieden und Bewahrung der Schöpfung sind ein gemeinsames Thema. Die Kirchen Europas, so hatte Alan Boesak, damals Generalsekretär des südafrikanischen Kirchenrates, erklärt, dürften die Friedensfrage nicht benutzen, um der Frage der Gerechtigkeit aus dem Wege zu gehen. Und Darlene Keju-Johnson berichtete über die katastrophalen ökologischen Folgen der Atomwaffentests im Pazifik. Zudem brachten viele basisbewegte Christen den Aspekt ein, dass die Zeiten, in denen ein Konzil von oben den Kirchenmitgliedern etwas anordnen könnte, vorüber seien. Es müsse einen konziliaren, verbindlichen Prozess geben, der die Kirchen insgesamt bewege. Aufgrund meiner Kritik am Vorschlag von Carl-Friedrich von Weizsäcker wurde ich prompt in die Präsidialversammlung gewählt – das war damals typisch für den Kirchentag.

1993 habe ich auf dem Marienplatz in München am Fronleichnamstag eine Veranstaltung moderiert, bei der nach einer getrennten Prozession bzw. einem Pilgerweg Katholiken und Protestanten ihre Bänder zu einem ökumenischen Miteinander verknüpften. Als meine älteste Tochter und ich zurück ins Hotel kamen, grüßte mich der Generalsekretär im Fahrstuhl mit Namen. Ich war ganz beeindruckt, dass er mich kannte. Ein Jahr danach war ich selbst Generalsekretärin – der liebe Gott hat Humor. Mein Vorgänger war zum Bischof in Braunschweig gewählt worden, und Kirchentagspräsident Ernst Benda hatte mich vorgeschlagen. Es gab heftige Debatten, ob einer 35-jährigen Mutter von vier Kindern dieser Posten zugetraut werden könnte. Ich war kurz davor, zurückzuziehen, aber viele haben mich ermutigt: Da kannst du was bewegen! Es wurden fünf intensive Jahre, in denen ich die Kirchentage in Hamburg 1995, Leipzig 1997 und Stuttgart 1999 als Generalsekretärin mitverantworten durfte.

1999 wurde ich überraschend zur Landesbischöfin in Hannover gewählt. Und so begann eine neue Kirchentagszeit, in der ich vor allem

Bibelarbeiten hielt. Es war bewegend für mich, dass so viele Menschen kamen, um teilzunehmen. Und so habe ich viel Zeit investiert, um die biblischen Texte für heute lebendig werden zu lassen. 2005 durfte ich für die hannoversche Landeskirche Gastgeberin des Kirchentages sein. Für mich war das der schönste – und anstrengendste – Kirchentag von allen. Die ganze Stadt war in Hochstimmung. Am Eröffnungsabend wurden der Liedermacher Fritz Baltruweit mit seiner Gitarre und ich mit einer Hebebühne nach oben gefahren, am Leineufer entzündeten Tausende Menschen Kerzen. Miteinander haben wir »Der Mond ist aufgegangen« gesungen, und ich durfte den Abendsegen sprechen. Eine tiefe spirituelle Gemeinschaftserfahrung!

Gewissensfragen

Mir ist sehr bewusst, dass Martin Luther ein fehlbarer Mensch war – darüber war er sich übrigens selbst klar. Seine schrecklichen Tiraden gegen Juden am Ende seines Lebens sind unerträglich. Und meine Kirche muss damit leben, dass er den Antijudaismus, ja auch den Antisemitismus in unserer Geschichte ganz gewiss mitverantwortet. Aber zweierlei bleibt an ihm bewundernswert. Da ist zum einen seine unfassbare Sprachbegabung. Er hat mit der Übersetzung der Bibel aus dem Hebräischen und Griechischen die deutsche Sprache überhaupt erst geschaffen. Begriffe wie »Lückenbüßer« oder »Feuereifer«, »Herzenslust« oder »Rotzlöffel« muss erst mal jemand erfinden!

Zum anderen ist er der erste öffentliche Protagonist des Gewissens. Als Luther auf dem Reichstag zu Worms aufgefordert wird, seine Schriften zu widerrufen, erklärt er: *»Wenn ich nicht durch Zeugnisse der Schrift und klare Vernunftgründe überzeugt werde; denn weder dem Papst noch den Konzilien allein glaube ich, da es feststeht, daß sie öfter geirrt und sich selbst widersprochen haben, so bin ich durch die Stellen der heiligen Schrift, die ich angeführt habe, überwunden in meinem Gewissen und gefangen in dem Worte Gottes. Daher kann und will ich nichts widerrufen, weil wider das Gewissen etwas zu tun weder sicher noch heilsam ist. Gott helfe mir. Amen!«*

In der Kurzfassung wurde schon bald darauf kolportiert, er habe gesagt: *»Hier stehe ich und kann nicht anders! Gott helfe mir. Amen!«* Auch wenn die Zusammenfassung wohl Legende ist, steht sie für Haltung. Ich muss selbst mein Gewissen befragen, mein Gewissen schärfen, um Haltung zu gewinnen. Dafür kann Religion eine Richtschnur sein. Als Christin war mir immer ein Leitfaden, dass Jesus gesagt hat: »Alles nun, was ihr wollt, dass euch die Leute tun sollen, das tut ihr ihnen auch!« (Mt. 7,12) Damit mache ich mir klar, wie ich gerne behandelt werden würde, und kann das übertragen darauf, wie ich anderen begegne. Der kategorische Imperativ von Immanuel Kant lautet: »Handle nur nach derjenigen Maxime, durch die du zugleich wollen kannst, dass sie ein allgemeines Gesetz werde.« Aus alledem leitet sich das Sprichwort ab: »Was du nicht willst, das man dir tu, das füg auch keinem andern zu.« Das ist ein anderer Blickwinkel als beim Jesuszitat aus dem Matthäusevangelium. Bei Jesus geht es um das positive Verhalten, im Sprichwort um das negative. Beide Male aber wird die Perspektive gewechselt. Es geht nicht nur um mich und das, was ich erleben will oder eben nicht. Sondern es geht darum, alles mit Blick auf andere Menschen zu bedenken.

Das ist heute ungeheuer wichtig. Bei der ganzen aufgeregten Debatte über Migration beispielsweise wird viel zu wenig beachtet, wie sich eigentlich Menschen fühlen, die seit Jahren in unserem Land leben, arbeiten, ihre Familie ernähren, Steuern zahlen und dennoch als »das Migrationsproblem« bezeichnet werden. In einer Reportage des Deutschlandfunks im Herbst 2024 wurde das sehr deutlich. Viele Befragte erzählten, sie fühlten sich nicht mehr zu Hause in Deutschland – von Willkommenskultur ganz zu schweigen – und überlegten, auszuwandern. Dabei leben wir doch längst in einem Land zusammen, in dem viele, jeder bzw. jede Vierte einen sogenannten Migrationshintergrund haben. Und es gibt längst ein WIR! Ganz absurd wird es, wenn Politiker, die selbst einen Migrationshintergrund haben, gegen Migranten wettern. Als Donald Trump eine seiner Hasstiraden über Einwanderer losließ, stand neben ihm seine Frau Melania – die aus Slowenien in die USA eingewandert ist…

Dass Menschen, die in unser Land zuwandern, auch die Gemeinschaft ihrer Herkunftsländer pflegen, kann ich gut verstehen. Das tun auch aus Deutschland Ausgewanderte überall in der Welt. Bei meinen Reisen zu Partnerkirchen konnte ich das immer wieder erleben.

Es gibt sowohl in Afrika als auch in Nord- und Südamerika sowie in Asien in allen größeren Städten »german communities«. Nie war ich zu so vielen Oktoberfesten eingeladen wie während meiner Zeit in Atlanta. Dort war ich unter anderem gebeten, einen Gottesdienst zum ersten Advent zu gestalten. Die Kirche war bis auf den letzten Platz gefüllt, und viele sagten, sie vermissten in den USA schlicht die Adventstradition. Insofern: Sich integrieren und auch das Eigene der Herkunft bewahren, das geht Hand in Hand.

Bei der erwähnten Trauerfeier für meine Schwester waren auch Metin und Fehim dabei. Mit beiden bin ich in Stadtallendorf aufgewachsen. Dort gab es gar kein DIE und WIR, sondern wir waren Kinder, Jugendliche und haben über Herkunft und Religion überhaupt nicht nachgedacht. Es gab eine schöne Leichtigkeit des Miteinander. Und meine älteste Schwester hat alle integriert: im Posaunenchor, im Kindergottesdienst, selbst beim Krippenspiel. Solche Leichtigkeit und Freundlichkeit, ja Freude am Miteinander fehlt heute. Ich brauche keine »Alternative für Deutschland«, ich bin dankbar für das Deutschland, in dem ich aufgewachsen bin und leben darf.

Auch beim Thema Krieg und Frieden hat Martin Luther übrigens das Gewissen angesprochen. Als der Ritter Assa von Kram ihn fragte, ob ein Soldat »christlichen Standes« sein könne, hat Luther ihm geantwortet, das könne er. Aber sein Gewissen dürfe er dabei nicht außer Acht lassen. Das halte ich bis heute für eine kluge Antwort. Und als langjährige Präsidentin der KDV, der Beratungsstellen für Kriegsdienstverweigerer, habe ich mich immer wieder gefragt, warum die jungen Männer, die den Kriegsdienst verweigern, ihre Gewissensentscheidung vor dem Staat begründen müssen, nicht aber diejenigen, die ihn leisten wollen. Es wäre doch bei beiden angemessen.

In meinem Arbeitszimmer steht eine Lutherfigur des Künstlers Ottmar Hörl. 800 Stück hat er zum Reformationsjubiläum 2017 in verschiedenen Farben kreiert. Meinem Luther in

Schwarz habe ich das bereits erwähnte lila Tuch des Kirchentages umgebunden. Ein Friedensprediger war Luther leider nicht. Aber das Tuch steht ihm gut an, ich hoffe, er wäre lernfähig gewesen…

Vor einiger Zeit hatte ich vormittags einen Gottesdienst zu halten, am frühen Nachmittag nicht weit entfernt eine Lesung. Auf dem Weg stand rechts ein Auto am Straßenrand, ein Mann winkte aufgeregt. Ich habe angehalten, er erklärte, er sei Ukrainer, müsse dringend zu seiner Familie in Bremen und habe kein Benzin mehr. Mein Verstand riet: Fahr mit ihm zu einer Tankstelle. Aber da war Zeitdruck, also fragte ich den Mann, ob 20 Euro reichen. Er meinte nein, er brauche 30. Ich habe ihm das Geld gegeben und gesagt: »Ich glaube an Gott. Und Gott sieht alles!« Er rief mir zu, er glaube auch an Gott. Als ich am Ort der Lesung ankam, meinten die Veranstalter, das sei »eine übliche Masche«, überall in der Gegend würden solche Vorfälle gemeldet. Soll ich mich ärgern? Hätte ich nicht geholfen, hätte ich ein schlechtes Gewissen gehabt. So denke ich, muss der Betrüger ein schlechtes Gewissen haben, vor allem auch, weil all die Betrogenen beim nächsten Menschen, der vielleicht wirklich Hilfe braucht, misstrauisch sein werden.

Diskurskultur

Mein Gewissen leitet mich in Grundsatzfragen. Es ist ein Ringen um den richtigen Weg, das habe ich auch beim Kirchentag immer geschätzt: Die Vertreterinnen und Vertreter unterschiedlichster Meinungen wurden eingeladen, um ihre Position darzulegen. Die Kirchentagsleitenden haben den Besucherinnen und Besuchern zugetraut, sich ihre eigene Meinung zu bilden. Nur einmal ist das in meiner Zeit als Generalsekretärin nicht gelungen. Zum Leipziger Kirchentag 1997 wollten wir einen ehemaligen DDR-Funktionär zur Dialogbibelarbeit einladen. Ich hatte mich mit ihm getroffen, fand seine reflektierte Art, mit der eigenen Vergangenheit umzugehen, wirklich interessant, und er hatte Interesse daran, sich über einen biblischen Text mit einem Theologen auseinanderzusetzen. Der Widerstand wurde aber im Präsidium ebenso wie in der Öffentlichkeit so groß, dass ich ihn letztlich ausladen musste. Mir fiel das schwer. Denn es wäre doch interessant gewesen, zu hören, wie er acht Jahre nach dem Sturz der Mauer seine damalige Haltung beurteilt, was ihn auch mit Blick auf einen Bibeltext zum Nachdenken bringt, was er bereut, wo er vielleicht auch beharrlich bleibt.

Eine andere Meinung nicht hören wollen, ist immer ein Zeichen von Schwäche. Das denke ich bei Demonstrationen, bei denen andere ausgebuht werden. Am 3. Oktober 2024 war ich eingeladen, bei der Friedensdemonstration in Berlin zu sprechen. Ich habe mich mit der Deutschen Friedensgesellschaft beraten. Die Experten sagten: Wenn du sagst, was unsere Haltung ist, nämlich, dass Putin ein Kriegsverbrecher ist, Kriegsdienstverweigerer ein Recht auf Asyl haben und wir in einem freien Land leben, wirst du ausgebuht. Auf der anderen Seite wird die Presse dich für alles, was auf der Demo abgeht, mitverantwortlich machen. Ich war wirklich dankbar für den Rat und habe abgesagt. Allerdings war auch Trauer dabei, denn im Grunde wäre es gut für unser Land, eine große, breite Friedensbewegung zu erleben.

Unter anderem hat dann der SPD-Politiker Ralf Stegner bei der Friedensdemonstration in Berlin gesprochen. Als er vom »russischen Angriffskrieg« und dem Recht der Ukraine auf Selbstverteidigung sprach, wurde er prompt ausgebuht. Das empfinde ich als tragisch. Denn die Friedensbewegung muss sich davon distanzieren, »Russlandversteherin« zu sein. Friedensbewegte Menschen müssen in der Lage sein, andere Meinungen als die eigene zu hören, sie nicht nur auszuhalten oder gar niederzubrüllen. Das habe ich auch bei einer Friedensdemonstration in Bonn erlebt. Da waren es Ukrainerinnen, die brüllten und versuchten, mich nicht zu Wort kommen zu lassen. Ich habe nach Rücksprache mit der Polizei meinen Redebeitrag unterbrochen, um einer Ukrainerin die Möglichkeit zu geben, auf unserer Kundgebung ihre Position kurz darzustellen. Es ist aber nicht gelungen, weil sie schlicht nicht mehr aufhören wollte, regelrecht in das Mikrofon zu schreien. Ihre emotionale Betroffenheit kann ich durchaus nachvollziehen. Ein Dialog war so nicht möglich.

Auch in der Auseinandersetzung um den Krieg in Gaza passiert das ständig. Die einen sehen ausschließlich die Situation Israels, die anderen ausschließlich die der Palästinenser. Wer einen kritischen Blick wagt, muss eingestehen, dass es so leicht nicht ist. Der Angriff der Hamas auf Israel am 7. Oktober 2023 hat unendliches Leid über Menschen in Israel gebracht. Die Gegenreaktion Israels bringt unendliches Leid über Menschen in Gaza und dem Libanon. Hier allein den Aggressor, dort allein die Opfer zu sehen, ist schlicht zu simpel. In einer demokratischen Gesellschaft gilt es auszuhalten, dass es unterschiedliche Meinungen gibt und die Welt nicht einfach in Schwarz und Weiß einzuteilen ist. Komplexität muss ertragen werden. *Tolerare* heißt ertragen, und Toleranz bedeutet, die andere Position zu respektieren. Ich kann mich damit auseinandersetzen, davon distanzieren, aber ich muss dem Gegenüber ein eigenes Recht zugestehen, es sei denn, die Position wäre menschenverachtend, rassistisch, homophob.

In einem kleinen Café bei mir um die Ecke in Hannover mit dem schönen Namen »Zurück zum Glück« hängt ein großes Plakat mit der Aufschrift »If you are racist, sexist, homophobic or an asshole … don't come in« – (wenn du ein Rassist, Sexist, Homophober oder ein Arschloch bist, komm nicht rein). Erst fand ich das etwas drastisch, dachte dann aber: Stimmt, mit solchen Leuten magst du nicht zusammensitzen. Im Café kann man den Spruch als kleinen Aufkleber mitnehmen. Er hängt jetzt außen an meiner Wohnungstür.

Ja, wir brauchen Haltung. Die entsteht dadurch, dass wir unser Gewissen befragen, schärfen, verschiedene Meinungen hören und aushalten. Haltung ist mehr als eine Meinung. Es ist notwendig, sich immer wieder neu zu fragen: Was ist meine Position in dieser Frage? Oder: Wie positioniere ich mich in dieser Sache?

Die eigene Haltung auf Dauer festzumeißeln, wäre Fundamentalismus. Fundamentalismus erklärt stets, im Besitz der alleinigen Wahrheit zu sein. Das gilt in der Politik wie in der Religion oder der Kultur. Freie Geister sind in der Lage, die eigene Wahrheit immer wieder zu hinterfragen. Und das nicht nur aus Druck oder Zwang, sondern aus Lust und Freude am Denken, am Erweitern des eigenen Horizonts. Fundamentalismus geht stets mit Angst einher. Wenn das, was ich nur für richtig halte, hinterfragt wird, was soll dann werden? Freies Denken wird immer befürworten, neue Aspekte zu hören, wahrzunehmen, dass es mehr gibt, als ich bisher wusste und wahrnehmen konnte.

Philipp Hübl erklärt in seinem Buch »Moralspektakel«[1], die richtige Haltung sei zum Statussymbol geworden und würde die Welt nicht besser machen. Mir geht es aber nicht um die von Hübl beschriebenen öffentlich inszenierten »Schaukämpfe«; darum, wer die bessere Moral hat. Mir geht es um eine Haltung, die ich mir selbst erarbeite, um im privaten wie im öffentlichen Leben eine Richtschnur für Reden und Handeln zu haben, nicht darum, mich in Szene zu setzen. Dazu gehört der Mut zu inhaltlicher Auseinandersetzung – die Hübl übrigens klar befürwortet.

Kirchentage waren von Anbeginn Orte, die Christinnen und Christen ermöglichen sollten, ihr Gewissen zu schärfen. Indem sie sich mit der Bibel auseinandersetzen, indem sie kontroversen Debatten zuhören, indem sie sich selbst einbringen in Diskussionen im kleinen Kreis. Insofern sind Kirchentage Vorbilder für Diskurs, für die Suche nach der eigenen Haltung, die Schärfung des persönlichen Gewissens.

Gesellschaftliches Miteinander

Kirchentage leben vom Gemeinschaftserlebnis. Das lässt sich kaum schildern, nur erleben. Dieses Gefühl, ich bin nicht allein mit meinem Glauben in einer zunehmend säkularen Gesellschaft, ist ermutigend. Wer in seiner Heimatgemeinde das kirchliche Leben als etwas mau und zäh empfindet, kann während des Kirchentages Vielfalt von Gottesdienst und Spiritualität erfahren. Das tut schlicht gut. Solche Gemeinschaftserlebnisse brauchen wir.

Dabei will ich den Lamento-Gesang, es gebe kein gesellschaftliches Miteinander mehr in unserem Land, nicht anstimmen. Dazu sehe ich viel zu viele Menschen, die füreinander einstehen. Ich denke an die Arbeit der Tafeln, das Rote Kreuz, Besuchsdienste, Nachbarschaftshilfe und auch ganz normale Kirchengemeinden. Und doch hat sich etwas verändert. Immer mehr Menschen scheinen nicht bereit zu sein, einer anderen Meinung auch nur zuzuhören. Es wird stattdessen schnell gebrüllt und gepöbelt. An dieser Verrohung der Diskurskultur sind sicher zum einen die sogenannten »sozialen« Medien schuld. Die Anonymität des Netzes verleitet offenbar Menschen dazu, jede Form von Anstand und Respekt zu verlieren. Als mir jemand eine Mail, beginnend mit dem Satz »Du verfickte Kirchenziege«, schrieb, dachte ich, dass er mir das gewiss niemals in der Öffentlichkeit ins Gesicht sagen würde, weil er sich dann wohl doch selbst schämen würde. Es ist deshalb gut, wenn alle, die im Netz beleidigt und bedroht werden, das zur Anzeige bringen. Das Netz darf kein rechtloser Raum sein.

Allerdings hat auch die politische Debattenkultur zur Verrohung beigetragen. Da ist zuallererst die AfD zu nennen, die sich darin gefällt, in den Parlamenten von Städten und Gemeinden, in Landtagssitzungen und im

Bundestag zu pöbeln. So hat die Plattform *Polit-X*[2] die »Zurufe« während der zehn Sitzungswochen des Bundestages im ersten Halbjahr 2024 untersucht. Daraus ergibt sich, dass pro Abgeordnetem der AfD 70,1 Zurufe erfolgten (insgesamt 5398 Zurufe von 77 Abgeordneten), während es beispielsweise bei der CDU 34,6 Zurufe pro Kopf (6743 Zurufe von 195 Abgeordneten) und bei der SPD lediglich 16,6 Zurufe pro Abgeordnetem gab (insgesamt 3435 Zurufe von 207 Abgeordneten). Entsprechend erhielt die AfD-Fraktion die meisten Ordnungsrufe. Im Jahr 2023 waren es 30 von 51 Verwarnungen. In den Länderparlamenten ist das Verhältnis vergleichbar. Meist geht es um persönliche Beleidigungen, lautstarke verbale Attacken und Nazi-Vergleiche. »Das ist eine Subkultur von Geisteskranken«, »Sie sind doch unterbelichtet!«, »Heuchlerin«, »Mauermörder«, »Goebbels'sche Propaganda«, »Nazi«, »Hetzer«, »übergewichtige Ricarda Lang«, »braune Gammelzähne von Karl Lauterbach«, »Kindermörderin« (Beatrix von Storch zu Heidi Reichinnek). Entsprechende Videos, die dies belegen, sind im Internet abrufbar. Dabei ist zu sehen, wie sehr das Präsidium des Bundestages darum bemüht ist, für Respekt, Ordnung und Anstand zu sorgen. Besonders die Abgeordnete Beatrix von Storch kann offenbar ihre inneren Erregungen kaum kontrollieren, hat scheinbar keinerlei Impulskontrolle.

Bundestagsdebatten spiegeln, was die Gesellschaft umtreibt: Es scheint vielen nicht mehr möglich, auszuhalten, dass es unterschiedliche Meinungen gibt. Dabei ist es doch gerade die Vielfalt in Debatten, die uns voranbringt. In dieser Hinsicht war der Kirchentag für mich und viele andere eine gute Schule. Es wurde oft heftig diskutiert. Aber nie wurde meines Wissens jemand persönlich beleidigt. Ich erinnere mich an eine Situation, in der Angela Merkel als Bundesumweltministerin auf einem Podium heftigen Gegenwind zu spüren bekam. Ihre Sicherheitsleute drängten darauf, dass sie den Kirchentag verlassen sollte, es sei zu gefährlich. Ich wurde als Generalsekretärin zu einer Lagebesprechung gerufen. Angela Merkel machte mit meiner Unterstützung deutlich, dass es auf dem Kirchentag zwar mal heftig zugehen könne, aber Gewalt nicht zu befürchten sei. Ich hatte hohen Respekt davor, wie klar sie sagte, dass sie selbstverständlich alle Termine auf dem Kirchentag wahrnehmen wird.

Meine Kollegin Kerstin Gaefgen-Track erzählt in einem Buchbeitrag, wie wir beide eine Halle beim Kirchentag 1987 unter dem Titel »Konzil des Friedens« geleitet haben. Sie zeigt dabei die Dauerkommunikation, Abstimmungszwänge und die Notwendigkeit, Entscheidungen zu treffen, gut auf: »Wir sorgten dafür, dass in einer völlig überfüllten Halle kein Chaos ausbrach, die von vielen Menschen bedrängte Dorothee Sölle unauffällig vom Podium kam oder zwei kurdische Gruppen die schon gezückten Messer wieder einsteckten.«[3] Ich hatte das alles schon fast vergessen. Aber die Erinnerung daran, wie wir zwei damals doch noch recht jungen Frauen, 28 und 29 Jahre alt, den jungen kurdischen Männern schlicht erklärten, dass ihre Messer hier nichts zu suchen hätten, hat mich fast zum Schmunzeln gebracht. So ist Kirchentag. Tatsächlich haben die Männer die Messer anschließend stecken lassen…

Das wünsche ich mir heute als Haltung im gesellschaftlichen Miteinander: dass wir zu vermitteln versuchen. Ja, wir können unterschiedlicher Meinung sein! Aber ich kann doch respektvoll zuhören und antworten, ohne laut zu werden. Manches Mal im Leben habe ich auch meine Meinung geändert, weil ich zugehört habe, nachvollziehen konnte, wie andere denken. Beispielsweise beim Thema Sterbehilfe. Noch vor zwanzig Jahren habe ich rigoros gedacht: Das ist auf keinen Fall ethisch zu legitimieren. Es gibt den Hospizdienst und die Palliativversorgung, die Menschen begleiten zu einem würdigen Sterben. Das habe ich erlebt. Für diese Art der Betreuung schlägt mein Herzblut. Aber ich habe auch Menschen kennengelernt, die gefragt haben: Was ist das für ein Gottesbild, das mich zwingt, so sehr zu leiden? Wenn ich doch weiß, dass ich sterbe, warum darf ich den Weg nicht verkürzen? Heute würde ich sagen: So zu denken, dies zu sagen, ist völlig legitim. Ich würde gern alles tun, damit jeder und jede in Frieden gut palliativ versorgt sterben kann. Aber ein Mensch, der weiß, dass sein Leben nicht zu retten ist, muss selbst entscheiden dürfen, ob er die letzte Etappe verkürzt – und nicht andere für ihn. Das Bundesverfassungsgericht hat das 2020 so entschieden. Die Politik aber hat es bis heute nicht geschafft, dafür einen gesetzlichen Rahmen zu schaffen, den es dringend braucht.

Auch der Kirchentag hat immer wieder Lernprozesse durchlaufen. Als er 1949 gegründet wurde, ging es seinem Gründer Reinold von Thadden-Trieglaff zum einen darum, die Mündigkeit der Christinnen und Christen zu fördern. Er schrieb im Gründungsjahr: »Wir selber müssen uns anklagen, daß wir in der Vergangenheit unseren Christenstand nicht ernst genug genommen, unseren evangelischen Glauben nicht treu genug bekannt und innerhalb und außerhalb der Kirche nicht diejenige aktive Position eingenommen haben, zu der wir nach apostolischer Lehre berufen sind. Inmitten einer gottentfremdeten Welt haben wir das Laienapostolat der Kirche zu verwirklichen ... «[4] Kirchentage sollten Laien, also alle, die kein ordiniertes Amt in der Kirche einnehmen, befähigen, in Kirche und Gesellschaft Position zu beziehen, Haltung zu zeigen.

Zum anderen ging es um die Klammer zwischen Ost und West. Die Kirchentage von 1949 bis 1961 waren Begegnungsorte. Besonders der Leipziger Kirchentag 1954 ragt mit 650 000 Teilnehmenden bei der Schlussversammlung heraus. »Seid fröhlich in Hoffnung« war die Losung.

Spiritualität

Dem Kirchentag wurde oft vorgeworfen, er sei zu politisch. Nun, in den Jahren bis 1961 trat dort fast kein Politiker auf, aber auch das war ja politisch: dieses Schweigen zur Deutschen Einheit aus der Befürchtung, anzuecken und so den Zugang für Ostdeutsche zu den Veranstaltungen zu verspielen.

Neben einem Ort für Debatten bot der Kirchentag selbstverständlich immer auch Raum für Spiritualität. Manchmal wurde das belächelt nach dem Motto: Da legen Frauen bunte Tücher in einen Kreis und suchen ihre Mitte. In meinen Zeiten als Generalsekretärin habe ich seitenweise Kommentare über »beseelte Christenmenschen« gelesen, manchmal waren sie wirklich hämisch. Aber schwang da vielleicht auch Neid mit, dass es das noch gibt, Menschen, die spirituelle Gemeinschaft erleben? Denn wer einmal auf einem Kirchentag den Raum der Stille erlebt hat, Schweigezeiten in Gottesdiensten, vor allem aber das gemeinsame Singen, weiß, wie gut, wie bewegend und wie wichtig dies alles für die Teilnehmenden ist.

Gerade das gemeinsame Singen ist ein spirituelles Erlebnis. Singen ist wahrscheinlich die Grundsubstanz evangelischer Spiritualität. Und ja, das gibt es auf Kirchentagen, dass mitten in einer überfüllten S-Bahn jemand »Dona nobis pacem« anstimmt, und alle stimmen ein. Ein vielstimmiger, melodischer Kanon, der alle, auch diejenigen, die nicht zu den Kirchentagsteilnehmenden gehören, berührt. Ich erlebe das auch auf Konzertlesungen mit Hans-Jürgen Hufeisen oder Clemens Bittlinger: Miteinander singen bewegt Menschen zutiefst. Wir stimmen das Lied »Guten Abend, gute Nacht« an – und die Anwesenden singen mit, angerührt von diesem Erlebnis. Oder wir singen einander zu, »Sei behütet auf Deinen Wegen« – und wer mitsingt, spürt diese wunderbare Sorge füreinander, diese liebevolle Zuwendung. Das ist eine Erfahrung, die heute in unserem Land fast verloren gegangen ist. Sicher, es gibt viele Chöre, die solche Erfahrungen vermitteln. Und ja, es gibt Konzerte, bei denen Fans einer Gruppe oder eines Stars deren Hits mitsingen. Aber miteinander ein Lied anstimmen, ganz spontan, wie »Guten Abend, gute Nacht« oder auch ein Weihnachtslied, das berührt die Seele.

Unsere Gesellschaft ist geprägt vom Schaffen, Leisten, Geldverdienen. Selbstoptimierung ist ein wichtiges Thema. Influencerinnen und Influencer zeigen, wie das geht, und üben einen ungeheuren Druck gerade auf junge Menschen aus. In den sogenannten sozialen Medien wird ständig davon erzählt, wie Menschen ihr Aussehen verbessert haben, sich neue Kommunikationstechniken aneignen konnten, die sportliche Leistung gesteigert haben. Immer wieder erreichen selbst mich in meinem Alter Angebote, mit welcher App es mir gelingen könnte, fitter, schöner oder reicher zu werden. Oft entstehen so völlig übersteigerte Ansprüche an sich selbst, die gar nicht erfüllbar sind und dann zu Enttäuschung führen. Der Drang zur Selbstoptimierung kann schnell zwanghafte Züge annehmen.

Dabei geht allzu oft die Seele verloren, die Geistkraft des Ganzen. Mein Eindruck ist, dass viele Menschen eine Sehnsucht nach Spiritualität spüren, aber nicht wissen, wo und wie sie eine »Tankstelle für die Seele« finden können. Die Kirchen sind es für sie oft nicht mehr, weil sie keinen Kontakt haben, entfremdet sind, meinen, eher in fernöstlichen Religionen eine geistliche Beheimatung finden zu können, im Buddhismus beispielsweise. So ganz nachvollziehen kann ich das nicht. Es gibt christliche Meditation. Unsere alten Kirchen sind Orte spirituellen Erlebens. Gebete, Psalmen und Lieder können uns tragen in schweren Zeiten. Gottesdienste, aber auch Schweigen und Meditation sind spirituelle Erfahrungen.

Auch eine hoch technologisierte Gesellschaft, in der Internet und mobile Kommunikation dominant sind, braucht Freiräume für die Seele. Kirchentage bieten einen solchen Rahmen. Aber ich denke, auch im Kleinen, vor Ort kann das eingeübt werden. Durchaus im Sonntagsgottesdienst. Oder in einer besonderen Stunde in der Woche, in der Menschen in einer Kirche zusammenkommen, um zu schweigen. Ein gemeinsames Treffen zum Singen, einfach so. Oder auch eine spirituelle Erfahrung allein in der Natur. Auf jeden Fall: Die Seele braucht Zeit und Raum. Das kann eine Gemeinschaftserfahrung sein. Aber auch eine Zeit der Stille, Zeit für mich ganz allein. Meditation, Schweigen, Pilgern, Fasten – gut, wenn die Seele Luft holen kann.

Migration

Im September 2024 wurden in Thüringen, Sachsen und Brandenburg die Landtage neu gewählt. Was befürchtet worden war, wurde Realität: Mit der AfD wurde eine rechtsextreme Partei mit fast einem Drittel der Stimmen in alle drei Landtage gewählt. Die kommenden Wochen zeigten: Diese Partei nutzt alle Mittel der Demokratie, um ebendiese Demokratie abzuschaffen. Inzwischen gibt es Einschüchterungsversuche gegenüber Politikerinnen und Politikern von der Ortsebene bis zum Bundestag, die von hasserfüllten E-Mails bis zu Morddrohungen reichen. Es wird eine Stimmung der Angst erzeugt, die bedrohlich an die frühen Dreißigerjahre des letzten Jahrhunderts erinnert.

In einer solchen Situation sind die Bürgerinnen und Bürger gefragt. Wir leben – Gott sei Dank! – in einem Land, in dem wir unsere Meinung frei äußern dürfen. In dem wir uns informieren, kritisch nachfragen und Kritik üben können.

Auf Kirchentagen wurde immer wieder eingeübt, Diskussionen kontrovers zu führen, ohne einander die Existenzberechtigung abzusprechen, vor allem ohne Diffamierung und ohne Gewalt. Das ist nicht mehr selbstverständlich in einer Zeit, in der Rednerinnen und Redner öffentlich niedergebrüllt werden, in der Büros von Abgeordneten mit Brandsätzen beworfen werden, Bürgermeister ihr Amt niederlegen, weil sie die Bedrohungen von sich und ihren Familien nicht mehr ertragen.

Wenn wir an die Zeit des Nationalsozialismus zurückdenken, so hat sich damals die Zersetzung der – gewiss instabilen – Weimarer Republik schleichend vollzogen. Heute denke ich oft: Wir müssen früh aufstehen als Demokratinnen und Demokraten. Wir müssen hellwach sein und uns wehren gegen die Zerstörung der Freiheit, in der wir leben dürfen.

Ein gutes Zeichen war, dass zu Beginn des Jahres 2024 Menschen in ganz Deutschland auf die Straße gingen, um ein Zeichen zu setzen. Hunderttausende demonstrierten für den Erhalt des Rechtsstaates und der Demokratie. Nachdem bekannt geworden war, dass sich im November 2023 Rechtsradikale getroffen hatten, um über »Remigration«, also die Zwangsdeportation von Zugewanderten in unserem Land, zu beraten, war die Empörung groß. Ein Viertel der deutschen Bevölkerung hat einen Migrationshintergrund. Das ganze Land würde zusammenbrechen, wenn all diese Menschen vertrieben würden. Vor allem aber würde sich das Land auf furchtbare Weise verändern!

Als die Nazis in den Dreißigerjahren des 20. Jahrhunderts Jüdinnen und Juden vertrieben oder ermordeten, war das brutal, grauenvoll, eine unfassbare Barbarei. Und es bedeutete für Deutschland einen enormen Verlust an Kultur, wissenschaftlicher Leistung, Intellektualität. Genauso wäre es heute.

28 Prozent aller Ärzte in Deutschland, 13 Prozent aller Lehrer haben Migrationshintergrund. Vier der letzten zehn Preise der Leipziger Buchmesse gingen an Menschen mit Migrationshintergrund, ein Fünftel aller Start-ups werden von ihnen betrieben. Wie arm wäre unser Land ohne sie! Weitere Zahlen: 41 Prozent aller Reinigungskräfte haben Migrationshintergrund, mehr als ein Drittel aller Köche und 29 Prozent aller Paket- und Briefboten. Ohne all diese Bürgerinnen und Bürger würde unser Land kollabieren! Herr Chrupalla, Co-Vorsitzender der AfD, hat erklärt, das könne in 20 Jahren ausgeglichen werden, wenn deutsche Frauen mehr Kinder bekommen. Das ist wirklich verqueres Denken, das von einem Welt- und Familienbild längst vergangener Zeiten besessen ist. Besser wird in Deutschland mit dieser Haltung gar nichts! Und merkwürdig mutet an, dass die AfD von Alice Weidel repräsentiert wird, die in einer homosexuellen Lebenspartnerschaft mit einer Frau lebt, die aus Sri Lanka stammt. Das respektiere ich. Aber nicht, wie sie andere Menschen in gleicher Lebenssituation abwertet.

Doch es geht nicht nur um den Nutzen von Zuwanderung, sondern wiederum um Haltung. Politisch Verfolgte haben in unserem Land ein Recht auf Asyl. Und ich denke, auch Menschen, die in ihrer Not aus den Bürgerkriegen und Hungerkatastrophen dieser Welt zu uns fliehen, haben ein Recht auf unseren Schutz. Wir verdienen über die Rüstungsindustrie an den Kriegen, wir gehören als Industrienation zu den Hauptverursachern der Klimakatastrophe. Wenn dann die Opfer dieses Handelns vor unserer Tür stehen, weisen wir sie ab. Natürlich ist auch mir klar, dass nicht der ganze afrikanische Kontinent nach Europa einwandern kann. Aber einen Menschen in Not aufzunehmen, das ist schlicht christliches Gebot. Wer mag, möge in Matthäus 25 nachlesen…

Die Grenzen des Sagbaren werden sehr bewusst ständig verschoben. So hat der Spitzenkandidat der FPÖ in Österreich, Herbert Kickl, im Wahlkampf der Parlamentswahl seelenruhig davon gesprochen, »Remigration« sei eines seiner politischen Ziele. Österreicher mit nicht-europäischen Wurzeln, deren Integration als unzureichend eingestuft werde (von wem?), sollten ausgewiesen werden. Er wolle »Volkskanzler« werden – ein Titel, den auch Adolf Hitler für sich wählte. Wie kann es sein, dass nach all dem Grauen, das die Nationalsozialisten über ganz Europa gebracht haben, fast 30 Prozent der Österreicher im Jahr 2024 eine solche Partei wählen? Und Österreich ist ja nur eine Blaupause für Deutschland. Der ehemalige AfD-Vorsitzende Alexander Gauland sagte nach der letzten Bundestagswahl: »Wir werden sie jagen«. Und genau das passiert. Die demokratischen Parteien der Mitte lassen sich von dieser Partei jagen, indem sie sich überschlagen mit Vorschlägen, wie Menschen mit Migrationshintergrund, Geflüchtete, Asylsuchende möglichst massiv vertrieben werden können. Die einzelnen Menschen und ihre Lebensgeschichte werden gar nicht mehr gesehen. Das ist unfassbar. Dagegen muss es doch eine klare Haltung geben.

Diejenigen, die in den Sechzigerjahren als Gastarbeiter nach Westdeutschland kamen, haben die Bundesrepublik und ihren Wohlstand mit aufgebaut. Die große Mehrzahl aller Zugewanderten ist gut integriert, zahlt Steuern in diesem Land – es ist unser gemeinsames Land! Inzwischen gibt es wie erwähnt Reportagen, wie sich die Zugewanderten fühlen: abgelehnt und ausgegrenzt. Viele überlegen, auszuwandern. Es wäre eine Tragödie, denn es ist die Vielfalt, die unser Land lebenswert macht. Wenn nur noch die Identitären deutsche Identität bestimmen, würde ich mich in diesem Land nicht mehr beheimatet fühlen.

Ja, es gibt unter Migranten auch Straftäter, das leugne ich nicht. Aber es gibt auch unter denen, deren Familien seit Jahrhunderten in diesem Land leben, Straftäter. Ja, es gibt bei manchen Migranten ein Problem mit der Gleichberechtigung von Frauen. Aber das gibt es auch bei anderen. Durchschnittlich jeden Tag wird in Deutschland eine Frau von ihrem Partner oder Ex-Partner ermordet – und die Täter stammen beileibe nicht alle aus dem Milieu der Migranten! Dabei will ich die Probleme nicht kleinreden. Wer nach Deutschland einwandert, muss die Gesetze und die

Regeln des Zusammenlebens hier anerkennen. Rechtsbrüche müssen geahndet werden. Wer sich nicht integrieren will, kann nicht bleiben.

Wenn die AfD bei Prozessen oder der Konstituierung des Thüringer Landtages am 26. September 2024 alle Möglichkeiten der Demokratie nutzt, um ebendiese zu zersetzen, ist ein Aufschrei angesagt. Als Bürgerinnen und Bürger dieses Landes müssen wir fragen: Wer wählt diese Partei? Und wie können wir unsere Demokratie vor deren Feinden bewahren?

Der Anschlag auf den Magdeburger Weihnachtsmarkt hat mich wie alle anderen schockiert. Es ist so unfassbar, dass ein Mann mit einem Auto in eine Menschenmenge rast, die friedlich im Advent zusammenkommt. Das ist grausam, tut weh, und mein Mitgefühl gilt allen, die Angehörige verloren haben, verletzt und traumatisiert sind. Aber wie Rechtsextreme das schreckliche Ereignis nutzen, um zu hetzen, »Abschieben« zu skandieren, und unter allen, die zugewandert sind, mit ihren Drohgebärden Angst verbreiten wollen, das schockiert mich auch.

Demokratie

Ist die Politik selbst aufmerksam genug, um sich gegen rechtsextreme Aktivitäten in unseren Parlamenten zu wehren? Das juristische Fachportal *Verfassungsblog* hatte schon Anfang 2024 berichtet, dass die Landesverfassung geändert werden müsse, um in Thüringen zu verhindern, dass ein Alterspräsident der AfD die Konstituierung des Landtages und die Wahl eines Landtagspräsidenten einer anderen Partei verhindern könne. Die Dramatik der Konstituierung des thüringischen Landtages am 26. September 2024 hat gezeigt, dass das dringend notwendig gewesen wäre. Doch die CDU hatte im Frühjahr eine Verfassungsänderung abgelehnt. Ein grob fahrlässiges Verhalten, wie sich gezeigt hat.

Nach der Landtagswahl im September 2024 verfügt die AfD über eine Sperrminorität und kann Änderungen der Landesverfassung verhindern. Und der Alterspräsident aus den Reihen der AfD, der traditionsgemäß die Landtagseröffnung moderieren sollte, hat gezielt Chaos und Redeverbote veranlasst. All das sollte eine Warnung sein, dringend in allen anderen Bundesländern sowie im Bund zu schauen, wo Extremisten bei einer Drittelmehrheit Möglichkeiten haben können, massiv Einfluss zu nehmen, etwa bei Verfassungsorganen, öffentlichen Institutionen oder auch in Gremien des öffentlich-rechtlichen Rundfunks.

Unbegreiflich bleibt auch, wie eine Resolution von Campact unter dem Titel »Höcke stoppen«, die 1,7 Millionen Bürgerinnen und Bürger (was für eine hohe Zahl!) unterzeichnet hatten, einfach folgenlos abgeheftet wird. Wo sind die Lehren aus der Vergangenheit? Wobei es auch die Frage gibt, was uns denn die Geschichte eigentlich lehrt. Gut zu beobachten war das anlässlich der Auseinandersetzungen um den Wiederaufbau der Garnisonkirche in

Potsdam. Die einen argumentierten, er sei sinnvoll, gerade um an dem Ort, der mit dem »Tag von Potsdam« – dem Handschlag zwischen Hindenburg und Hitler – verbunden ist, in die Geschichte eingegangen ist, ein Symbol für den Frieden zu errichten. Andere erklärten, die Garnisonkirche wiederaufzubauen bedeute, diesen Ort in neuem Glanz erscheinen zu lassen.

Inzwischen steht der Turm der Garnisonkirche wieder, was diesen Ort auf Dauer prägen wird, wird sich erweisen. In Hannover gab es eine ähnliche Auseinandersetzung. Dort wohne ich in dem Stadtteil, der früher Hindenburgviertel, jetzt Zooviertel genannt wird. Es begann ein Streit darum, ob auch die Hindenburgstraße umbenannt werden soll[5]. Ich bin überzeugt, dass die inzwischen erfolgte Umbenennung richtig war. Wir ehren mit der Benennung einer Straße einen Menschen. Aber Hindenburg hat die »Dolchstoßlegende« in die Welt gesetzt, die Ursache der Niederlage des Deutschen Reiches im Ersten Weltkrieg der mangelnden Unterstützung zugeschrieben.

Zudem ernannte er Adolf Hitler zum Reichskanzler, um mit einer autoritären Regierung die Weimarer Demokratie zu beenden. In meinem Viertel wird nun statt Hindenburg mit Lotte-Lore Loebenstein ein Mädchen geehrt, die 1932 in Hannover geboren wurde, 1937 mit ihrer Familie in die Niederlande floh und mit zehn Jahren 1943 im Vernichtungslager Sobibor ermordet wurde.

Wir müssen wach und wachsam sein! Der CDU-Bundestagsabgeordnete aus Sachsen Marco Wanderwitz hat ein Verfahren zum Verbot der AfD in Gang gesetzt. Ich kann nicht verstehen, warum der ehemalige Bundespräsident und Pfarrer Joachim Gauck dezidiert dagegen argumentiert. Es ist doch gut und richtig, zu schauen, ob und wie wir rechtzeitig Schaden abwenden können. Dann kam im Spätherbst 2024 die Nachricht: Marco Wanderwitz, CDU-Politiker und ehemaliger Ostbeauftragter der Bundesregierung verzichtet auf eine erneute Kandidatur für den Bundestag. Er wolle seine Familie und sich körperlich und seelisch schützen.

Wanderwitz war massiven Anfeindungen ausgesetzt bis hin zu Morddrohungen. Mich hat das sehr bedrückt. Ob ich mit Wanderwitz in inhaltlichen Fragen übereinstimme oder nicht, ob ein Verbotsverfahren der richtige Weg ist oder nicht – da zieht sich ein engagierter Demokrat zurück, weil die Aggressionen gegen ihn und seine Familie unerträglich werden. Das ist eine Bankrotterklärung für die Demokratie und erinnert an die Macht der Schlägertrupps der Nazis. Heute sind sie vor allem verbal unterwegs, aber nicht nur…

Krieg und Frieden

Der Deutsche Evangelische Kirchentag wurde
vier Jahre nach dem Ende des Zweiten Weltkrieges gegründet. Die Schrecken des Krieges
waren überall in Deutschland präsent. Ein
Begreifen der Schuld der eigenen Nation aber
wurde zunächst verdrängt. Reinold von
Thadden-Trieglaff, der Gründer der Kirchentagsbewegung, hatte sehr wohl im Blick, dass
die evangelischen Christen in die Irre gegangen
waren, als sie das Naziregime nicht massiv ab-
wehrten. Aber es dauerte lange, bevor einige
Themen wirklich auf den Tisch kamen. René
Leudesdorff schreibt: »Nicht immer greift der
Kirchentag Themen auf, bevor oder wenn es
nötig wäre. So thematisiert, erstaunlicherweise
genug, kein Kirchentag vor 1961 das deutsche

Desaster: den NS-Unrechtsstaat. Die Kriegs-
generation – auch der Christen – bleibt für an-
derthalb Jahrzehnte sprachlos und wohl auch
gehörlos.«[6]

Damit ging der Kirchentag konform mit der
Gesellschaft, die lange nicht auf die eigene
Schuld sehen wollte und sich als Opfer des
Zweiten Weltkrieges sah. Das ist durchaus
nachvollziehbar. Ein Land in Trümmern, Millionen, die ihre Heimat verloren hatten – da
war es schwer, zu begreifen, wie sehr das selbst
verschuldet war. Aber nach und nach, beginnend mit dem Berliner Kirchentag 1961, wird
der selbstkritische Blick auf die eigene Vergangenheit gewagt. Nur so war es wohl möglich,
dass die kritische Stimme der Friedensbewegung mit Blick auf die NATO-Nachrüstungs-
debatte auf den Kirchentagen eine Heimat
fand. 1981 in Hamburg und vor allem 1983 in
Hannover war das Thema omnipräsent. Mit
den genannten lila Tüchern wurde ein weithin
sichtbares Zeichen gesetzt, ja es war geradezu
eine Bekenntnisfrage, sich als Christinnen und
Christen gegen Aufrüstung zu engagieren.

Rückblickend gehörten die Kirchentage 1981 und 1983 zu den zentralen Friedenskundgebungen jener Zeit.

Jene Friedensdemonstration am 3. Oktober 2024 in Berlin war umstritten, weil im Aufruf dazu Russland als Aggressor und Verursacher des Krieges in der Ukraine nicht klar benannt wurde. Aber dass im Morning Briefing des SPIEGEL deshalb von »vermeintlichen« Friedensfreunden die Rede ist, das ist eine unangebrachte Unterstellung.

Sie geht einher mit der Tendenz, dass die Friedensbewegung seit Februar 2022 massiv diskreditiert wird. Ich frage mich, warum. Da ist von »selbst ernannten Friedensfreunden« die Rede. Wer Friedensverhandlungen fordert, wird sofort als »Putinversteherin« diffamiert. Volker Beck twittert von »Teestubenpazifismus«, Sascha Lobo spricht von »Lumpenpazifisten«, Ralf Fücks gar von »Unterwerfungspazifisten«.[7] Der Liedermacher Wolf Biermann erklärt gegenüber Prominenten, die einen schnellen Waffenstillstand zwischen Russland und der Ukraine fordern: »Diese falschen Pazifisten halte ich für Secondhand-Kriegsverbrecher.«[8]

Die teils wüsten Beschimpfungen gehen damit einher, dass allen, die für den Frieden eintreten oder sich selbst als Pazifistinnen bzw. Pazifisten bezeichnen, unterstellt wird, sie begriffen nicht, dass Wladimir Putin ein Kriegsverbrecher ist und den Krieg gegen die Ukraine begonnen habe. Eine kontroverse Debatte über die Rolle Deutschlands, ein Infragestellen der Waffenlieferungen ist nicht möglich, ohne als dumm, naiv oder »Putinversteherin« beschimpft zu werden. Wer versucht, die Vorgeschichte des Krieges in der Ukraine zu beleuchten, etwa die NATO-Osterweiterung nach 1990 zu hinterfragen, dem wird unmittelbar unterstellt, zu leugnen, dass Russland die Ukraine völkerrechtswidrig angegriffen hat. So wird ein demokratischer Diskurs unterbunden.

Der Friedens- und Sozialforscher Christoph Butterwegge erklärt, es sei verrückt, wie beispielsweise über den Fraktionsvorsitzenden der SPD, Rolf Mützenich, hergefallen wurde, als dieser – selbst ein studierter Friedenswissenschaftler (!) – Überlegungen zu einem Einfrieren des Kriegs in der Ukraine geäußert hatte. Butterwegge: »Ich bin der Meinung, hier wird eine richtige Vorkriegsstimmung erzeugt.«[9]

Gleichzeitig beschließt im Jahr 2024 der bayrische Landtag ein Gesetz, das die Hochschulen verpflichtet, mit Einrichtungen der Bundeswehr zusammenzuarbeiten und ihre Forschungsergebnisse für militärische Nutzung verfügbar zu machen. Auch die Schulen werden zur Zusammenarbeit mit der Bundeswehr verpflichtet. Das widerspricht eklatant den Landesverfassungen, die in der Regel Erziehung zum Frieden festschreiben, beispielsweise in Nordrhein-Westfalen: »Die Jugend soll erzogen werden … zur Völkergemeinschaft und Friedensgesinnung.« (Art. 7 Abs. 2), oder Baden-Württemberg: »Die Jugend ist … zur Friedensliebe … zu erziehen.« (Art. 12 (1)).

Es ist gut, wenn Kirchentage weiterhin Orte sind, an denen unterschiedliche Positionen respektvoll miteinander ausgetauscht werden. Die Kraft, eine klare gemeinsame Friedensbotschaft zu vermitteln, gibt es derzeit offenbar nicht. Aber in einer Zeit, in der andere Meinungen verbal niedergemacht, Menschen wegen ihrer Haltung persönlich attackiert werden, ist das respektvolle Ringen um Antworten, auch wenn sie unterschiedlich ausfallen, schon viel.

Mündige Religion

Wie entsteht Haltung? Sicher durch Erziehung. Unsere Eltern geben uns Werte und Regeln mit. Wenn es gut läuft, leben sie das vor: Respekt vor anderen, Anstand, Aufrichtigkeit. Sicher, manche sehen das als Sekundärtugenden. Im Rahmen der Studentenbewegung in Westdeutschland entbrannte darüber eine heftige Debatte. Den Höhepunkt erreichte sie, als Oskar Lafontaine in einem Interview mit dem Stern auf die Forderung von Bundeskanzler Helmut Schmidt, Bündnistreue mit den USA zu üben, antwortete: »Helmut Schmidt spricht weiter von Pflichtgefühl, Berechenbarkeit, Machbarkeit, Standhaftigkeit. … Das sind Sekundärtugenden. Ganz präzis gesagt: Damit kann man auch ein KZ betreiben.«[10] Diese Aussage finde ich heftig.

Pflichtgefühl und Standhaftigkeit sind mir wichtig. Klar, unhinterfragt und mit gewissenlosem Gehorsam werden solche Haltungen problematisch. Insofern hatte die Studentenbewegung in Westeuropa ein Recht, die Erziehungsmethoden der damaligen Zeit zu kritisieren. Ordnung, Pünktlichkeit, Fleiß und Disziplin sind kein Wert an sich. Aber wenn wir an eine Gemeinschaft denken, die zusammenleben will, sind all diese Werte so negativ nicht. Ich habe als Familienmutter oft gesagt, wenn sechs Personen gemeinsam essen wollen, dann ist Pünktlichkeit eine Voraussetzung. Aber klar braucht es auch Freiheit zur Entfaltung. Ich denke, das, was wir heute Resilienz nennen – eine innere Kraft gegenüber den Herausforderungen des Lebens –, entsteht auch durch das Ringen um diese Werte. Für mich persönlich sind sie christlich geprägt: Nächstenliebe, ja gar Feindesliebe, Sorge für die anderen, Gottvertrauen. Das ist keine Unterwerfungsanweisung, da wird nicht gedroht und kleingemacht. Sondern so können Menschen aufgerichtet werden, das sehe ich auch als Aufgabe der Kirchen.

Damit korrespondiert unsere Kultur. Gesetze eines Landes geben eine Haltung vor, weil sie vermitteln, was – um es ganz pauschal zu sagen – gut und was böse ist. Ich bin froh und dankbar, in einem Land zu leben, in dem das Recht die Schwächeren schützt, in dem wir keine Angst vor der Polizei haben müssen, sondern diese das Recht durchsetzt. Ich weiß, es gibt Kritik an der Polizei, an *racial profiling* und anderem mehr. Aber persönlich habe ich allerhöchsten Respekt vor Polizistinnen und Polizisten. Einer erzählte mir kürzlich, der schlimmste Tag im Dienst sei der 24. Dezember. Denn an Heiligabend beginne der Einsatz gegen häusliche Gewalt schon frühmorgens. Gewalt gegen Frauen ist ein massives Problem in unserer Gesellschaft. 180 000 Gewaltdelikte gegen Frauen werden pro Jahr dokumentiert – und das ist nur die offizielle Meldung – es gibt auch eine Dunkelziffer! Auch an dieser Stelle ist Haltung gefragt. Es gilt, bedrohten Menschen beizustehen und Übergriffe, wenn möglich, zu verhindern.

Auch die Religion vermittelt uns Werte und Haltung. »Gott schuf den Menschen zum eigenen Bilde, als Mann und Frau«, heißt es in der Bibel. Da gibt es keine Über- oder Unterordnung! Und im Hebräischen stehen sogar die Begriffe »männlich und weiblich«, also eine Öffnung hin zu den Variablen, die die Geschlechterforschung heute kennt. Religion wird in der westlichen Welt derzeit oft verachtet. Sie sei ewiggestrig, mit wissenschaftlichen Erkenntnissen nicht vereinbar. Das sehe ich anders. Natürlich: Gott lässt sich nicht beweisen. Aber auch die Wissenschaft, beispielsweise die Physik, kennt Grenzen. Aufgeklärte Religion, die einen historisch-kritischen Zugang zu ihren Texten wagt, kann sehr wohl eine offene, demokratische Haltung stützen.

Kinder

In ihrer institutionellen Form ist das Christentum aktuell massiv diskreditiert durch Missbrauch von Kindern in den Kirchen weltweit. Das kann ich nachvollziehen, denn diese Erkenntnis erschüttert mich selbst. Die FORUM-Studie über sexuellen Missbrauch in der evangelischen Kirche in Deutschland hat mich schockiert. In den elf Jahren als Landesbischöfin der größten Landeskirche innerhalb der EKD ist mir ein einziger »Fallkomplex« in Erinnerung. Er war schlimm genug. Der Täter hatte 45 Kindern und Jugendlichen sexualisierte Gewalt angetan, davon wahrscheinlich 15 während meiner Amtszeit. Mit einem Betroffenen, einem jungen Mann, habe ich noch immer Kontakt. Damals, 2002, habe auch ich an einen Einzelfall gedacht. Und ich muss eingestehen: Es war für mich nicht vorstellbar, dass es vielfachen Missbrauch und vor allem »Täter schützende Strukturen« (so die Studie 2024) in meiner Kirche geben könnte. Dass kirchliche Strukturen selbst bei Kenntnis von den Taten auch noch zu ihrer Vertuschung gedient haben, ist unfassbar. Nicht den Opfern wurde Gehör geschenkt, sondern den Tätern.

Inzwischen hat auch der Deutsche Evangelische Kirchentag eine Studie veröffentlicht, die aufarbeitet, wie zwei als pädokriminell überführte Missbrauchstäter jahrzehntelang dort eine Bühne hatten[11]. Einen von beiden, Gerold Becker, habe ich als Generalsekretärin in meiner Zeit selbst erlebt. Zu begreifen, dass dieser Mann als Leiter der Odenwaldschule Kinder missbraucht hat, schockiert mich nachträglich. Wie kann es sein, dass niemand etwas merkte? Oder wollte niemand hinsehen? Wussten Einzelne davon und haben die Täter auch hier geschützt?

Es ist gut, dass wir offen darüber sprechen. Vor allem sollten die Opfer zu Wort kommen.

Der junge Mann, den ich aus meiner Zeit als Landesbischöfin kenne, ist in der Lage, die Situation seines Missbrauchs und die Folgen zu reflektieren. Er selbst hat den Täter noch als Jugendlicher mutig angezeigt. Aber es ist bis heute schwer für ihn, in der Kirche Gehör zu finden.

Meine persönlichen Erfahrungen im kirchlichen Raum waren völlig anders. Der christliche Glaube spielte eine gute Rolle in meiner Familie. In keiner Weise empfand ich ihn als einengend, sondern immer als Beheimatung, Ermutigung. In unserer Gemeinde in Stadtallendorf fand das soziale Leben statt. Gottesdienst, Kindergottesdienst, Posaunenchor – das alles gehörte dazu. Viele, viele Freizeiten in Jugendherbergen habe ich miterlebt, auch mitgestaltet. Sexueller Missbrauch war kein Thema, niemals habe ich Übergriffe erlebt. Deshalb habe ich auch einen massiven Zorn gegenüber den Tätern, die alle gute Kinder- und Jugendarbeit unserer Kirche mit ihren perversen Gewalttaten infrage stellen, ja diskreditieren.

Furchtbare, das Leben der Opfer zerstörende Taten. Diejenigen, die versucht haben, so etwas zu vertuschen, haben das verraten, woran wir glauben: die Liebe Gottes zu den Kindern. Und am Ende steht die Glaubwürdigkeit unserer Kirche auf dem Spiel.

Kinder werden in Kirche und Gesellschaft noch immer primär als Objekte von Erziehung und Bildung angesehen. Als Subjekte mit eigenen Rechten, als Subjekte, die Gehör finden sollten, werden sie missachtet. Denken wir nur an den Versuch, die Kinderrechte im Grundgesetz zu verankern. Er ist 2021 kläglich an der notwendigen Zweidrittelmehrheit im Bundestag gescheitert. Als im EU-Parlament eine Anhörung zu Kinderrechten stattfand, war der Plenarsaal nahezu leer.

Derzeit fehlen mehr als 400 000 Betreuungsplätze in Kindertagesstätten – in den Einrichtungen fehlen Fachkräfte. Die psychische Belastung des Personals in den Kitas steigt, worunter die pädagogische Arbeit massiv leidet. Oder wie ein Artikel der *Süddeutschen Zeitung* titelte: »Wir lassen die Schwächsten in unserer Gesellschaft im Stich«[12]. Auch hier braucht es klares Engagement, eine deutliche Prioritätensetzung in Politik, Kirche und Gesellschaft. Die Praxis Jesu war eine andere. Er hat Kinder nicht als Objekte eingestuft, sondern sie als Subjekte wahrgenommen, ja sogar als *role models* für Erwachsene angesehen. Nicht Kinder müssen von uns lernen, sondern wir von ihnen. Jesus sagt: »Wenn ihr nicht umkehrt und werdet wie die Kinder, so werdet ihr nicht ins Himmelreich kommen.« (Mt 18,2)

Sprachschule des Glaubens

Kirchentage habe ich in meiner Zeit als Generalsekretärin gern als »Sprachschule des Glaubens« bezeichnet. Das war mir stets wichtig; es steht auch in lutherischer Tradition. Der Kirchentag lebt von den Bibelarbeiten und Gottesdiensten. Den Teilnehmenden wird zugesprochen oder zugemutet, mündige Christenmenschen zu sein. Das ist gut lutherisch, weil Luther darauf hingewirkt hat, dass alle Menschen lesen und schreiben können und die Bibel in deutscher Sprache zur Verfügung steht. Das war eine Entmächtigung der Priester und eine Ermächtigung der Laien. Kirchentagsgründer Reinold von Thadden-Trieglaff sah den Kirchentag als Schule, die in der Religion mündig werden lässt. So hatte er die Kirchentage der Bekennenden

Kirche in Pommern in den Dreißigerjahren wahrgenommen, das war sein Vorbild. »Laien« ist inzwischen als Begriff entwertet, wird negativ gesehen, als seien die Nicht-Ordinierten weniger kompetent. In der Gründungsgeneration des Kirchentages ist es eine sehr selbstbewusste Eigenzuschreibung: Wir sind kompetent und haben Mitspracherecht.

Im Oktober 2024 war ich eingeladen, zum Internationalen Tag gegen die Todesstrafe auf einer Versammlung von Exil-Iranern zu sprechen. Ich war sehr berührt davon, wie diese Opposition darum ringt, dem Mullah-Regime im Iran die religiöse Legitimation abzusprechen. Unter anderem habe ich gesagt: »Ich spreche zu Ihnen als christliche Theologin. Und auch im Christentum wurde die Todesstrafe seit Jahrhunderten akzeptiert. In den Vereinigten Staaten von Amerika, wo sich ein hoher Prozentsatz der Bevölkerung als Christen betrachtet, ist die Todesstrafe bis heute weithin akzeptiert. Vor allem in vielen Ländern mit überwiegend muslimischer Bevölkerung aber wird die Todesstrafe noch immer als normal angesehen.

Alle Religionen sind jedoch überzeugt, dass jeder Mensch ein Geschöpf Gottes ist. Wer also einen Menschen tötet, begeht Verrat an Gott dem Schöpfer. Dass das Mullahregime das eigene Terrorhandeln religiös begründet, ist für mich Verrat deshalb an der eigenen Religion. Nicht nur im Islam, auch in anderen Religionen wurde Gewalt immer wieder durch Religion legitimiert – das ist für mich Blasphemie.«

Der römisch-katholische Theologe Hans Küng hat mit seinem »Projekt Weltethos« gezeigt, dass alle Religionen gleiche Weisungen beinhalten. Zum Beispiel die Verpflichtung auf eine Kultur der Gewaltlosigkeit und der Ehrfurcht vor allem Leben. Das Parlament der Weltreligionen hat das am 4. September 1993 so formuliert: Es bedeutet: »Nicht töten – aber auch nicht foltern, quälen, verletzen« – oder positiv: »Hab Ehrfurcht vor dem Leben«. Religiös motivierte Menschen sollten daher einhellig und glasklar die Todesstrafe als Verbrechen gegen Gott den Schöpfer verurteilen.

Das ist mir wichtig: Religion macht nicht unmündig. Vielmehr vermittelt Religion eine

Haltung, die aufrecht gehen lässt. Die Iranerinnen und Iraner, die ich bei diesem Treffen in Berlin kennengelernt habe, haben mich beeindruckt. Sie widersprechen mit ihrer ganzen Lebenshaltung dem Vorurteil, der Islam befürworte Gewalt. Das könnte mit Blick auf die Geschichte auch dem Christentum zugeschrieben werden. Es kommt darauf an, auch den eigenen Glauben, die religiösen Texte und deren Bedeutung heute immer wieder neu zu hinterfragen. Nur so kann sich lebendiger, sprachfähiger Glaube entwickeln.

Partizipation als Prinzip

Drei Wochen nach dem Berliner Kirchentag 1961 wurde die Mauer gebaut, und der Kirchentag musste neu fragen, was seine Aufgabe ist. Die Teilnehmendenzahlen sanken in den folgenden Jahren im Westen massiv.

In Ostdeutschland wurde mühsam eine neue Struktur aufgebaut, die dezentrale Kirchentage in der DDR ermöglichte. Da zentrale Veranstaltungen nicht genehmigt wurden, waren die Kirchentage in der DDR im Zuschnitt kleiner als im Westen, dadurch entstand eine familiäre Atmosphäre. Doch wer sich beteiligte, wagte etwas im real existierenden Sozialismus.

Die Verbindung zwischen den Kirchentagsgremien in Ost und West blieb bestehen, wurde trotz der widrigen Umstände ganz bewusst gepflegt und aufrechterhalten. 1997 konnte in Leipzig wieder ein gesamtdeutscher Kirchentag in Ostdeutschland gefeiert werden.

Die ostdeutsche Theologin Annemarie Schönherr hat die Entwicklung intensiv miterlebt. Sie schreibt: »Kirchentage wurden mehr und mehr zu Orten für Themen, die sonst nicht verhandelt, für Diskussionen, die nirgends geführt werden konnten. Das machte sie anziehend auch für Menschen, die mit Kirche und Glauben nicht viel im Sinn hatten. Und es machte sie der Staatsführung suspekt.«[13] Die Kirchentage in Ostdeutschland hatten es schwer. Sie mussten um Genehmigungen kämpfen, dezentrale Versammlungen überhaupt durchführen zu dürfen. Der Kirchentag in Greifswald 1970 beispielsweise bekam die staatliche Repression voll zu spüren: Es wurden keine Transportmittel genehmigt, ökumenische Gäste durften nicht einreisen, Plakate nicht gedruckt werden. Das Staatssekretariat für Kirchenfragen der DDR erklärte das damit, dass Kirchentage eine »bürgerliche Ideologie« verbreiten würden. Das Engagement, ja der

Mut der Männer und Frauen, die Kirchentage in der DDR all diesen Widrigkeiten zum Trotz organisiert und durchgeführt haben, verdient allerhöchsten Respekt. Und auf jeden Fall boten diese Kirchentage einen Rahmen, in dem auch die Kritik an der DDR Raum fand, die am Ende zur gewaltfreien Revolution führte.

Beim Kirchentag 1983 wurde Luthers 500.Geburtstag gefeiert. Der Reformator galt in der DDR nicht länger als »Fürstenknecht«, sondern als »Initiator einer frühbürgerlichen Revolution.« So konnten sieben regionale Kirchentage unter der Losung »Vertrauen wagen« durchgeführt werden. Vieles war auf einmal möglich. Friedrich Schorlemmer wagte es, in Wittenberg einen Schmied ganz real ein Schwert in eine Pflugschar umschmieden zu lassen.

Die entscheidende Veränderung der Kirchentagsbewegung in der Bundesrepublik kam mit der Partizipation. Waren beim Düsseldorfer Kirchentag 1973 lediglich 7420 Dauerteilnehmende gemeldet, so waren es in Nürnberg 1979 bereits 78 857. Etwas spöttisch wurde rückblickend gesagt, dass Kirchentagspräsident Heinz Zahrnt in Düsseldorf allen Teilnehmenden persönlich die Hand schütteln konnte. Aber dann kam die Veränderung. Beispielsweise wurde der »Markt der Möglichkeiten« entwickelt, auf dem engagierte Gruppen ihre Arbeit präsentieren. Die Kirchentagteilnehmenden gestalteten den Kirchentag zunehmend selbst. Beteiligung wurde zum Geheimrezept: Wer kommt, darf mitdenken, mitgestalten, Widerspruch leisten, sich an der Diskussion erfreuen. Das »Politische Nachtgebet« wurde konzipiert, neue Formen der Abendmahlsfeier erprobt. Eine Theologie für die Menschen entwickelte sich, in der sie nicht belehrt oder abgekanzelt werden, sondern im reformatorischen Sinne die Veranstaltungen mitgestalten.

Und genau darin sind Kirchentage Vorbild für Lösungsansätze in den aktuellen Herausforderungen. Aus Studien zum Ehrenamt ist bekannt, dass Menschen sich heute ungern langfristig engagieren. Aber wenn es ein Projekt gibt, das ihr Interesse weckt, in dem ihre

Kompetenz abgerufen wird, dann sind sie dabei. Wir brauchen Kirchengemeinden, politische Parteien, Vereine, Initiativen, die Menschen abholen an ihrem Ort und mit ihrem Engagement und ihnen Möglichkeiten zur Beteiligung bieten. Das kann eine Tafel sein, die entsteht, ein Projekt zur Leseförderung bei Grundschülern, ein Bauwagen als Jugendtreff, ein Besuchsdienst für Einsame. Der Schlüssel zur Demokratie, für gelingendes gesellschaftliches und kirchliches Miteinander ist auf jeden Fall: Beteiligung, Mitsprache, Mitgestaltung.

Rassismus

Als Nelson Mandela in Südafrika aus dem Gefängnis kam, war er eine Ikone dafür, dass Rassismus gewaltfrei überwunden werden kann. Robert Mugabe hingegen war ein Symbol dafür, wie Freiheitskämpfer selbst zu Diktatoren werden. Er hat sein Land zugrunde gerichtet. Dabei gab es zunächst große Hoffnung, als aus Rhodesien ein freies, demokratisches Simbabwe wurde.

Parallel zum Freiheitskampf in Südafrika gab es in Deutschland die Aktion »Kauft keine Früchte der Apartheid«. Hildegard Zumach, damals Generalsekretärin der Evangelischen Frauenarbeit in Deutschland, stand geradezu symbolisch für die Bewegung. Und es war bewundernswert, wie Frauen und Männer an vielen Orten in Deutschland in ihrem Supermarkt dafür eintraten, Früchte mit einem Aufkleber »RSA (Republic South Africa)« klar zu kennzeichnen, und andere aufzufordern, diese Früchte nicht zu kaufen. Das war ein Zeichen internationaler Solidarität, die in unserer Zeit, in einer globalisierten Welt, in der viele keine multilateralen Beziehungen mehr im Blick haben wollen und stattdessen nationalistisch denken, selten geworden ist.

Was damals durch die Initiative »Kauft keine Früchte der Apartheid« auf den Weg gebracht wurde, war weitsichtig. So kam es auch zu Auseinandersetzungen auf dem Kirchentag. Die Teilnehmenden forderten, der Kirchentag solle seine Konten bei der Deutschen Bank kündigen, da diese tief verstrickt war in Geschäfte mit dem Apartheidregime und es ablehnte, Umschuldungsverhandlungen mit Forderungen nach Gleichheit und Freiheit zu verbinden. Das Kirchentagspräsidium verweigerte sich zunächst, Konsequenzen zu ziehen, beendete dann aber 1987 die Geschäftsbeziehungen zur Deutschen Bank. Da war sie wieder, die Frage:

Muss eine Haltung in ethischen Fragen nicht auch praktische Konsequenzen haben? Jahre später war ich als Generalsekretärin gebeten, mit der Geschäftsführung der Deutschen Bank noch einmal über diese Vorgänge zu sprechen. Es war ein schwieriges, aber respektvolles Treffen, bei dem durchaus Verständnis für die Entwicklung beim Kirchentag gezeigt wurde. Ein Gang nach Canossa war es für mich jedenfalls nicht...

Beim Frankfurter Kirchentag 1987 hielt der Generalsekretär des südafrikanischen Kirchentages, Alan Boesak, vor 85 000 Menschen im Schlussgottesdienst die Predigt. Er sagte: »So wartet die Gemeinde auf das Kommen des Herrn; dann endlich soll Gottes neue Welt geboren werden. Diese Wartezeit aber ist angefüllt mit tätiger Hoffnung, mit freudiger Gewißheit. Die Gemeinde arbeitet und lebt, sucht und stiftet Frieden in heiliger Ungeduld; sie befreit die Gefangenen und zerbricht das Joch der Unterdrückung; sie heilt die Kranken und öffnet die Gefängnisse; sie nimmt die Flüchtlinge auf und schützt die Fremden ... Und indem sie dies tut, betet sie: ›Komm, Herr Jesus‹.«[14]

Da ist er, der Zusammenhang zwischen biblischem Text und der Realität unserer Existenz. Alan Boesak übersetzte die Vision des Propheten Jesaja in unsere Zeit. Und genau darum geht es doch bei einer Predigt und bei einer Bibelarbeit: Die biblischen Texte sollen nicht staubige Zeugen einer längst vergangenen Zeit sein, sondern lebendig werden, zu uns sprechen, in unseren Alltag hinein.

»Politik mit dem Einkaufskorb« spielte auch in anderen Zusammenhängen eine Rolle. Ich erinnere mich gut an die Diskussionen über fair gehandelten Biokaffee. Als ich mich als Studienleiterin an der Akademie in Hofgeismar dafür engagierte, diesen Kaffee zu kaufen, hieß es, das sei nicht möglich, denn er zerstöre die Maschinen! Es hat lange gedauert, aber heute wird – soweit ich weiß – in allen Einrichtungen von Kirche und Diakonie Kaffee aus biologischem Anbau und fairem Handel eingeschenkt. So viel übrigens zu Greta Thunberg und ihrem »How dare you!«. Auch die Generation der Babyboomer, zu der ich gehöre, hat nicht nur umweltzerstörend gelebt, sondern ein ökologisches Bewusstsein an den Tag gelegt.

Andere Debatten gab es auch: Soll fair gehandelter und biologisch angebauter Kaffee nur von der GEPA vertrieben werden oder auch durch große Lebensmitteldiscounter? Ich war stets für Letzteres. Denn zum einen hat eine Bestellung von einem riesigen Vertriebsunternehmen ganz andere Auswirkungen auf den Handel. Und zum anderen können damit auch Menschen, deren Budget nicht so groß ist, eine Wahl beim Einkaufen treffen.

Solidarität, weit denken, andere wahrnehmen, das war und bleibt Kirchentagshaltung. So heißt es schon in den »Lorenzer Ratschlägen« 1979: »Brot und Wein, die wir am Tisch Jesu empfangen, machen uns hungrig und durstig nach Gottes kommender Gerechtigkeit. Wir können nicht Gäste des Gekreuzigten sein, ohne solidarisch zu leben wie er. Darum feiert die Gemeinde das Mahl dann unwürdig, wenn sie nicht solidarisch lebt. Sie verleugnet die Hoffnung, die den Hungernden und Unterdrückten gilt.«[15]

Diese Sicht auf das Abendmahl, das Teilen von Brot und Wein, das uns in die Pflicht nimmt, auch ganz real zu teilen, hat mich tief geprägt. Meiner Doktorarbeit habe ich 1991 den Titel »Die eucharistische Vision« gegeben. Es geht um die Hoffnung, am »Tisch des Herrn« nicht selbstgefällig zu sein, sondern die Herausforderung anzunehmen, für eine gerechte Welt einzutreten, in der alle genug zum Leben und mehr als das haben, ebenso die Freiheit zum Teilen. Und das gilt ganz gleich, woher die Menschen kommen, wohin sie gegangen sind, welche Hautfarbe oder geschlechtliche Zuordnung sie haben.

Klima

Die in den 1980er-Jahren entstehende Um-
weltbewegung spiegelte sich von Anfang an
auch in den Themen der Kirchentage. Es ging
um Atomkraft, aber auch um nachhaltiges
Leben, biologische Landwirtschaft, Tierwohl.

Heute steht vor allem die Klimakatastrophe
im Vordergrund, die uns vor massive Herausforderungen stellt. Sie ist eben nicht »eine Er-
findung der Chinesen«, von der Donald Trump
gerne fantasiert. Massive Überflutungen im
Ahrtal 2021 oder bei Valencia 2024 haben auch
in Europa klargemacht, wie ernst die Lage ist.
Aber jeder und jede kann etwas tun! Sich fragen, wie wir reisen, ob es Kreuzfahrten und
Langstreckenflüge sein müssen, welche Mobi-
lität wir pflegen, wie viel Energie wir verbrau-

chen – das sind neben den politischen auch individuelle Entscheidungen.

Der Kirchentag hat viel dafür getan, nicht nur über Klimaschutz zu diskutieren, sondern auch eine klimafreundliche Veranstaltung zu sein. Denken wir nur an das Wegwerfgeschirr, das schon vor vielen Jahren bei den Veranstaltungen des Kirchentages verbannt wurde. Die Verpflegung zielt darauf ab, 100 Prozent ökologisch zertifizierte Lebensmittel anzubieten, auch für die Helfenden. Kriterien der Regionalität und Saisonalität werden beachtet, Müllvermeidung ist ein wichtiges Ziel. Auch der Fleischverzehr wurde und wird weiter drastisch verringert, bei Gremiensitzungen gibt es ausschließlich vegetarische Verpflegung. Emissionsfreie Logistik durch Lastenräder kam seit 2013 in Gang. In Stuttgart 2015 wurden erstmals Komposttoiletten eingesetzt. Nicht nur über Klimawandel und seine Verhinderung zu diskutieren, sondern eine Großveranstaltung so nachhaltig und klimaneutral wie möglich durchzuführen, das ist eine Herausforderung und die gute Umsetzung eine tolle Leistung!

Antisemitismus

Erst als ich 1999 gemeinsam mit dem damaligen Pressesprecher des Kirchentages, Rüdiger Runge, einen Band zum 50-jährigen Jubiläum[16] herausgegeben habe, ist mir bewusst geworden, dass der Kirchentag bis 1961 sprachlos blieb gegenüber der Nazizeit. Ich hatte stets gedacht, der Widerstand gegen Unterdrückung und Gewalt, der Wille zur Aufklärung, wo sie notwendig ist, läge sozusagen in der DNA des Kirchentages. Doch erst Anfang der 1960er-Jahre beginnt, wie aufgezeigt, eine Phase der Aufarbeitung. Am 20. Juli 1961 wird in der NS-Hinrichtungsstätte Berlin-Plötzensee eine Gedenkstunde abgehalten, es gibt Hauptreferate zum Thema »Unser Weg in die Katastrophe 1945«. René Leudesdorff schreibt: »Endlich ist das Schweigen gebrochen!«[17] Seit damals wird bei jedem Kirchentag ein »Gedenken vor Beginn« an einer Gedenkstätte für Opfer des Nationalsozialismus vor Ort gestaltet.

Seit 1960 gibt es auch die »Arbeitsgruppe Juden und Christen«. Sie führte, so Leudesdorff, »tiefer in das Verstehen der gemeinsamen Glaubenswurzeln Israels und der Kirche, aber auch zu den jahrhundertealten Missverständnissen, Vorurteilen und Verdrängungen«.[18] Die Veranstaltungen im daraus entwickelten »Lehrhaus« haben sowohl den Kirchentag verändert als auch eine Horizonterweiterung für Tausende von Teilnehmenden ermöglicht. Sie haben gelernt, dass ihre Bibel auch aus anderer als der christlichen Perspektive zu lesen ist. Viele zeigten sich neugierig auf das Judentum. Ein Rabbiner sagte mir einmal: »Wir haben schlicht keine Kraft und keine Zeit, all die christlichen Anfragen zum Besuch unserer Synagoge positiv zu beantworten.« In dem jüdischen Theologen Micha Brumlik fanden Christinnen und Christen jemanden, der auf

Kirchentagen Antwort auf ihre Fragen gab, Einblicke vermittelte in jüdische Theologie und jüdisches Denken. Er hat Gesprächsangebote gemacht, war aber kein Vertreter des sanften Wortes, sondern angriffslustig. Einer, der herausforderte, ein Störgefühl zurückließ, das am Ende in tieferes Nachdenken führte.

Wenn Christinnen und Christen in Deutschland gelernt haben, mit großem Respekt die jüdische Glaubenstradition zu sehen und das eigene Versagen gegenüber dem Judentum zu begreifen, ja die Scham zu ertragen, dass wir Jüdinnen und Juden schutzlos dem Terror und Morden der Nationalsozialisten auslieferten, dann haben wir das auch Micha Brumlik zu verdanken.

Es hat im Nachkriegsdeutschland noch lange gedauert, bis die Erkenntnis der eigenen Schuld zu einem unbefangenen Verhältnis von Christen und Juden führte – und der Prozess dauert noch immer an. Antisemitismus ist leider kein Phänomen der Vergangenheit.

Bei den Recherchen zu diesem Buch bin ich auf einen Text des israelischen Historikers und

Journalisten Tom Segev gestoßen, der auf dem Kirchentag in Berlin 1989 auf dem Podium »Israelis und Palästinenser« eindrücklich davon sprach, dass Israel ein Land sei, das zwei Völkern gehöre, mit dem sich zwei Völker identifizierten, historisch, emotional und religiös. Und dass es doch möglich sein müsse, dieses Land zu teilen. Aber er sagte auch: »Ich glaube, dass es deswegen so kompliziert ist, weil wir diesen Konflikt als Teil unserer Biografien erleben. Wir streiten nicht um ein Land, sondern um eine Leidenschaft.«[19]

Segev riet allen Zuhörenden beim Kirchentag, nicht zu meinen, eine Lösung für den Konflikt zur Hand zu haben, ja er äußerte noch nicht einmal eine Hoffnung, ob der Konflikt überhaupt gelöst werden könnte.

Das ist angesichts der Hilflosigkeit, die wir seit dem Massaker der Hamas vom 7. Oktober 2023, den Gegenschlägen Israels in Gaza und dem Libanon, der ganzen entsetzlichen Lage im Nahen Osten heute sehen, ein geradezu prophetisches Wort. Und es betrübt zutiefst, weil um der Menschen willen doch zu hoffen bleibt, dass es eine Lösung gibt. Aber es ist gut, wenn auf Kirchentagen solche Dilemmata ausgesprochen werden!

Eine solche Äußerung ist auch hilfreich angesichts der Auseinandersetzungen heute. Es scheint so, als gäbe es in Deutschland nur zwei Positionen, die akzeptabel sind: pro Israel oder pro Palästina.

Ich denke, wir sollten sehr, sehr vorsichtig sein mit einem Urteil. Eben gerade, weil wir die biografische Leidenschaft, von der Segev spricht, schlicht nicht nachempfinden können. Dieser Konflikt, der seit bald einhundert Jahren tobt, dessen mögliche Lösung durch Teilung bzw. zwei Staaten seit Jahrzehnten auf dem Tisch liegt, ist offenbar nicht einfach sachlich oder durch Vernunft von außen zu befrieden. Aus meiner Perspektive kann ich sagen, dass ich, wäre ich jüdische Israelin, mich wahrscheinlich vehement für mein Land einsetzen würde. Und ich würde gewiss dasselbe tun, wäre ich Palästinenserin. Die unterschiedlichen Positionen kann ich nachvollziehen. Aber ich bin Deutsche. Und als solche, als Außenstehende, ist es gut, sich im Urteil zurückzunehmen. Gewiss gibt es eine besondere Verantwortung Deutschlands gegenüber Israel, die kann meines Erachtens nicht hinterfragt werden. Aber es gibt eben auch eine Verantwortung gegenüber Menschenrechten und Völkerrecht mit Blick auf die palästinensische Bevölkerung. Dilemmata lassen sich nicht durch einseitige Positionierung aus der Welt schaffen. Das gilt es auszuhalten.

Meine Empathie gilt natürlich den Opfern des grauenvollen Attentats der Hamas auf Israel. Und sie gilt ebenso den Opfern der Angriffe Israels auf Gaza und den Libanon. Als Christin ist für mich entscheidend, die Opfer zu sehen und nicht Täter zu legitimieren.

Die Kirchentagshaltung

Als Teilnehmerin, Generalsekretärin, gastgebende Bischöfin oder Bibelarbeiterin war mir immer wichtig: Die gesellschaftlich-kritische Haltung des Kirchentages ist undenkbar ohne die biblisch-theologische Reflexion. Wer Kirchentag kennt, weiß: Der Tag beginnt konkurrenzlos mit einer Bibelarbeit! Früher um 9 Uhr, heute um 9:30 Uhr legen verschiedene Menschen einen Bibeltext aus – Theologinnen und Theologen, Politikerinnen und Politiker, Schauspielerinnen und Schriftsteller und viele andere. Und eine solche Bibelarbeit vorzubereiten, ist wahrhaftig Arbeit. Es zeigt aber auch eine klare Haltung: Von der Bibel her schauen wir auf unsere Kirche, unsere Gesellschaft, unser Land und unsere Welt.

In den fünf Jahren, in denen ich Generalsekretärin des Kirchentages war, lag die Arbeit der Exegetinnen und Exegeten, die die Übersetzung der sechs Bibeltexte für den Kirchentag erstellen, in meiner Verantwortung. Es geht um den Predigttext für Eröffnungs- und Schlussgottesdienst und beim Feierabendmahl sowie um die Texte der Bibelarbeiten an den drei Kirchentagstagen. Die Vorbereitungsarbeiten waren für mich immer herausfordernd, aber auch ungeheuer anregend. Alt- und Neutestamentlerinnen kamen an mehreren Wochenenden zusammen und berieten miteinander. Wie ist dieser hebräische Begriff am besten zu übersetzen? Wie werden wir in der Übersetzung sowohl der Ursprungssprache als auch dem jüdisch-christlichen Dialog gerecht? Wie berücksichtigen wir die feministische Theologie und den Kontext, in dem die Texte entstanden sind? Sicher, ich hatte Theologie studiert, neben Latein auch Hebräisch und Griechisch gelernt. Aber diese Expertinnen und Experten haben mir noch ganz neue Zugänge zum Umgang mit Übersetzung aufgezeigt. Ich fand es großartig, als schließlich aus all dieser Arbeit die »Bibel in gerechter Sprache« hervorging. Sicher, der Titel ist ein wenig provokant. Aber es geht um eine Bibelübersetzung, die den Horizont erweitert, weil sie mit dem Übersetzen den Ursprung im Blick behält, den Kontext. Lassen Sie mich ein Beispiel nennen. Im Matthäusevangelium wird die Geschichte von den Arbeitern im Weinberg erzählt (20,1–16). Die einen werden früh angeheuert, andere später. Am Ende zahlt der Weinbergbesitzer allen den gleichen Lohn. Diejenigen, die am längsten gearbeitet haben, finden das ungerecht. Ein Adjektiv wurde im Kreis der Übersetzenden lange diskutiert: *argous*. Luther übersetzte es mit *müßig*. Die Männer stehen also müßig am Straßenrand, und es erscheint vor unseren Augen ein Bild: »Na ja, arbeiten oder nicht, egal.« Übersetzen wir aber *argous* mit *arbeitssuchend* oder *arbeitslos* und sehen Männer, Frauen und Kinder, die dringend darauf angewiesen sind, den einen Denar für das Leben an diesem Tag zu verdienen, verändert sich die Perspektive völlig.

Als ich viele Jahre später Mitglied im Rat der EKD war und die »Bibel in gerechter Sprache« hoch umstritten diskutiert wurde, habe ich angeregt, dass einige der Exegetinnen und Exegeten zum Gespräch eingeladen wurden. Dieses Gespräch geriet leider zu einem Desaster. Die Ratsmitglieder verurteilten die Übersetzung vehement. Das kann ich bis heute nicht verstehen. Inzwischen gibt es für Kirchentage eine Übersetzung der Bibeltexte in »leichte Sprache«. Auch das ist eine interessante Fortentwicklung, um biblische Texte heute zugänglicher zu machen.

Prägende Gestalten

Es gibt Kirchentage schon seit 1848. Damals in Wittenberg ging es vor allem um die Entstehung der Diakonie. Johann Hinrich Wichern gab den Anstoß zu Vereinen der Inneren Mission, mit denen dem sozialen Elend im Land begegnet werden sollte. Nach dem Ersten Weltkrieg entwickelte sich eine Kirchentagsbewegung, deren Ziel eine Föderation der evangelischen Kirchen war, also eine Art Vorbereitung für die Evangelische Kirche in Deutschland (EKD). Einzelne dieser Treffen entwickelten sich zu Versammlungen der Bekennenden Kirche. Aus ihnen entstanden »evangelische Wochen«, die dazu genutzt wurden, Menschen zu ermutigen, sich dem nationalsozialistischen Vernichtungswahn entgegenzustellen. Reinold von Thadden-Trieglaff, der als Gründungsvater des Kirchentages gilt, war bei diesen Kirchentagen anwesend. Er war ein Mann mit einer Vision. Drei seiner Söhne waren, wie bereits zu Beginn des Buches erwähnt, im Zweiten Weltkrieg als Soldaten gestorben, seine Schwester Elisabeth von Thadden wurde als Widerstandskämpferin gegen den Nationalsozialismus 1944 hingerichtet, er selbst kam in sowjetische Kriegsgefangenschaft nach Sibirien. Dort entstand seine Idee, einen Ort zu schaffen, an dem Laien, nicht ordinierte Geistliche, ihren Glauben stärken und ihre Haltung in der Welt klären. Thadden-Trieglaff schrieb 1949: »Die Glieder der Kirche selber in allen Berufsständen tragen vor Gott und den Menschen die Verantwortung, was in der Zukunft geistig und geistlich aus unserem Volke werden soll … Wir müssen uns anklagen, dass wir in der Vergangenheit unseren Christenstand nicht ernst genug genommen« haben.[20]

Sicher war der Kirchentag zu Beginn elitär, protestantisch, männlich, ja adlig geprägt.

Neben von Thadden waren beispielsweise Klaus von Bismarck, Richard von Weizsäcker seine herausragenden Repräsentanten. Aber nach und nach kamen Frauen dazu, die Kirchentagsmütter. Die Bibelarbeiten von Elisabeth Moltmann-Wendel und Dorothee Sölle haben Generationen von evangelischen Frauen geprägt. Die schon genannte Annemarie Schönherr war eine verbindende Kraft, gerade in der Zeit nach 1989. Feministische Bibelauslegung, die an Universitäten verpönt war, fand auf den Kirchentagen Raum.

Wie Kirchentag entsteht

Von außen betrachtet, ist es schwer zu verstehen, wie Kirchentag funktioniert. Da ist das Büro in Fulda. Oft wurde ich gefragt: Wie kommt der Evangelische Kirchentag dorthin? Die Erklärung, die ich kenne, ist diese: Reinold von Thadden-Trieglaff wollte den Kirchentag in der Mitte Deutschlands ansiedeln. In russischer Kriegsgefangenschaft hatte er sich mit einem Mann angefreundet, der wiederum mit dem Oberbürgermeister von Fulda befreundet war. So wurde ihm dort nach dem Krieg ein Grundstück angeboten. Darauf wurde ein Bürogebäude errichtet und in Sichtweite das Wohnhaus von Thadden-Trieglaff, das en miniature seinem Gutshaus in Hinterpommern entsprach.

Als ich 1994 Generalsekretärin wurde, wohnte in dem Haus noch Hans-Hermann Walz, langjähriger Generalsekretär des Kirchentages. Er war erblindet und sollte in seiner gewohnten Umgebung leben können. So zog ich wie schon mein Vorgänger mit meiner Familie in das Haus, das ursprünglich für den Kirchentagspastor angekauft worden war. Hans-Hermann Walz und seine Frau haben mich mehrfach eingeladen, und ich war wirklich beeindruckt von diesem Haus mit der großem Empfangshalle und der umlaufenden Empore. Jahre später habe ich das Gut der von Thadden-Trieglaffs in Pommern besucht und konnte die Zusammenhänge erkennen.

Das Ehepaar Walz hat mir stets im Advent einen wunderbaren, riesigen Blumenstrauß mit herrlicher Amaryllis schicken lassen. Das habe ich in Erinnerung, weil ich jedes Jahr so beeindruckt, ja begeistert war von dieser Geste. Jahre später habe ich die Trauerfeiern für beide sehr gern als Pastorin gestaltet.

Nun sind das Team wie das Budget in Fulda eher klein, aber auf Langfristigkeit eingestellt.

Groß sind Team und Haushalt alle zwei Jahre im »Durchführungsverein«, der sich jeweils neu und auf Zeit in der Stadt bildet, in der der Kirchentag stattfindet. Das kann sich alles gut ergänzen, aber auch zu Spannungen führen. In Fulda wird der Inhalt entschieden, in der jeweiligen Stadt über die Orte für die Veranstaltungen und die gesamte Logistik.

Dabei haben einige Hauptamtliche den Kirchentag über Jahre geprägt. Erinnern möchte ich an *Dr. Carola Wolf.* Sie war jahrzehntelang Pressesprecherin des Kirchentages und eine Institution. Sie war eine kleine Frau, aber sie hat es geschafft, eine große Autorität zu sein. Gefühlt kannte sie jede und jeden, war bei allen wichtigen Gelegenheiten präsent, hatte Verbindungen, vor allem auch in die DDR. Ich denke, für ihre Generation war sie als alleinstehende, promovierte Frau eine Ausnahmeerscheinung. Sie war skeptisch mir gegenüber, als ich Generalsekretärin wurde. Aber sie war hoch professionell. Als erste Lektion habe ich von ihr gelernt: »Wenn die Presse mit Fotografen kommt, immer erst mal Näschen pudern!«

Professionell agierte auch *Heinz Steege,* der langjährige Organisationsleiter des Kirchentages. Er und ich sind mehrfach heftig aneinandergeraten, vor allem, wenn er versuchte, mich als »Jungspund« über den Tisch zu ziehen oder zu bevormunden. Aber er hat mich nach einigen kräftezehrenden Konflikten als Generalsekretärin akzeptiert und unermüdlich in jeder Stadt die notwendigen Verbindungen aufgebaut, Vertrauen geschaffen, Netzwerke begründet, ohne die Kirchentage nicht hätten stattfinden können. Manchmal hat er genervt mit seinen Papierbergen, die er herumschleppte und bei denen nur er den Durchblick hatte. Aber wenn es eng wurde, eine brenzlige Situation entstand, war er ein Fels in der Brandung.

Als Dritten will ich *Hartwig Bodmann* hervorheben. Er ist jahrzehntelang die vertrauensvolle Leitfigur all der Pfadfinderinnen und Pfadfinder gewesen, ohne die ein Kirchentag nicht stattfinden kann. Manchen erscheinen Pfadfinderinnen und Pfadfinder wie aus der Zeit gefallen. Ressentiments gibt es auch. Ich erinnere mich an den Kirchentag in Leipzig

1997, als der Pfarrer der Nikolaikirche, Christian Führer, sich verbeten hat, dass sie auch nur in die Nähe seiner Kirche kommen. »Uniformierte Jugendliche« wolle er da nicht sehen. Wir kannten uns gut, mochten uns auch, doch ich konnte ihn nicht überzeugen.

Pfadfindergruppen sind bis heute Gemeinschaften, in denen Kinder und Jugendliche sich beheimaten. Und Kirchentage sind stets ein besonderer Einsatz. Da erhalten Jugendliche eine große Verantwortung und erleben ein starkes Wir-Gefühl. Ihre Aufgabe nehmen die Helfenden ernst. Ich erinnere mich an eine Situation beim Kirchentag in Hamburg 1995, als ich als Generalsekretärin eine Halle betreten wollte, um zu sehen, wie es läuft. Ein jugendlicher Helfer sagte mir, die Halle sei überfüllt, ich dürfe nicht rein. Ich sagte: »Aber ich bin die Generalsekretärin.« Daraufhin er: »Da kann ja jeder kommen, ich habe Anweisungen!« Die kam wahrscheinlich von Hartwig Bodmann ;-)…

Ich habe großen Respekt vor all den Ehrenamtlichen, die Kirchentage möglich machen:

in Forumsleitungen, exegetischer Arbeit, der Gestaltung des Marktes der Möglichkeiten, im Präsidium und als Präsidentinnen und Präsidenten. Menschen, die ihre freie, oft sehr begrenzte Zeit in dieses Projekt investieren. Ich denke beispielsweise an *Reinhard Höppner,* der als Ministerpräsident von Sachsen-Anhalt stets bei Präsidiumssitzungen anwesend war und seine Bodyguards dann wegschickte. Er sagte ihnen, dass sie sich jetzt endlich mal einen freien Abend machen könnten, im Präsidium sei er wirklich ungefährdet. Oder an *Ernst Benda,* der gefürchtet war mit seinen Kommentaren, aber so viel Engagement als typischer knorriger Protestant in die Sache legte. Er hat mich als Generalsekretärin vorgeschlagen, ich hatte hohen Respekt vor ihm. Und ich werde nie vergessen, wie dieser eher doch konservative Mann die Herzen der Kirchentagsteilnehmenden gewann, als er in seiner Abschlussrede 1995 in Hamburg die Versenkung der Brent Spar durch den Shell-Konzern massiv verurteilte. Anschließend wurden er und ich beim Vorstand von Shell »vorgeladen«. Mir war durchaus mulmig zumute, und ich war beeindruckt, wie Ernst Benda ohne Wenn und Aber die Position des Kirchentages vertrat.

Wer im Kirchentag in Gremien oder Forumsleitungen mitarbeitet, einen Vortrag, eine Bibelarbeit, einen Musikbeitrag leistet, erhält kein Honorar und keine Aufwandsentschädigung. Lediglich Fahrtkosten werden erstattet, und eine Unterkunft wird gestellt. Das ist sehr besonders in unserer Zeit. Und es zeigt etwas vom Spirit, vom Geist des Kirchentags. Alle sind Mitmachende, Mitgestaltende.

EPILOG

Jetzt ist die Zeit
für klare Haltung

Viele Menschen in unserem Land sind derzeit verzagt. Und ja, die Zukunftsprognosen können tatsächlich deprimieren. Aber wir dürfen schlicht nicht verzagen! Wir haben Verantwortung für künftige Generationen. Generationen vor uns haben auch heftige Herausforderungen wie Krieg, Hunger, Inflation erlebt. Und viele haben sie mit Haltung bewältigt. Es ist die Freiheit eines Christenmenschen, selbst zu denken, Fragen zu stellen, eine eigene Position zu finden.

Ja, das kann unterschiedlich aussehen. Ich gehöre zur Minderheit der Pazifistinnen und Pazifisten, die Rüstungsproduktion und -exporte grundsätzlich ablehnen. Für mich ist das in meinem christlichen Glauben begründet, bei anderen aus einer philosophischen oder humanistischen Grundhaltung heraus. Aber ich respektiere, dass andere eine unterschiedliche Haltung einnehmen. Das ist Teil christlicher Diskurskultur, ja Grundelement von Demokratie.

Position beziehen müssen wir gemeinsam gegen die Angriffe auf die Demokratie. Es geht darum, jedem Menschen Würde und Respekt zu zollen, mit Anstand miteinander umzugehen, Aggression und Pöbelei etwas entgegenzusetzen.

Jesus bleibt mir dabei Vorbild. Er hat die Frau aus Samarien, den kritischen Schriftgelehrten, selbst den Verräter Judas mit Liebe angeschaut und seine Gegenüber ernst genommen – in ihrer oder seiner jeweiligen Situation. Das ist die Grundlage für Miteinander in der Kirche, aber auch in unserem Land, in unserer Welt.

Ich werde ein hoffnungsvoller Mensch bleiben. Zum einen, weil die Bibel immer wieder Hoffnungsgeschichten erzählt: Da erlebt eine Sklavin, die nicht weiterweiß, dass sich für sie und ihren Sohn eine Oase zeigt. Da finden Menschen nach einer langen Wüstenwanderung das Land, in dem Milch und Honig bereitstehen. Da stirbt ein geliebter Mensch, und doch wird klar: Der Tod hatte nicht das letzte Wort. Zum anderen bleibe ich hoffnungsvoll, weil ich die vielen jungen Leute sehe, die sich engagieren, wie ich in meinen Jugendtagen. Sie und wir alle werden mit Gottvertrauen und Gemeinschaftssinn Wege finden, die zukunftsweisend sind. Dazu möchte ich Mut machen.

Anmerkungen

1 Philipp Hübl, Moralspektakel, München 2024.

2 Polit-X, Themenschwerpunkt Sprache, 2. Juli 2024.

3 Kerstin Gaefgen-Track, Solidarität und Engagement. Ein Geburtstagsbrief, in: Gabriele Hartlieb (Hg.), Eine Frau mit Zivilcourage und Zuversicht, © 2018 Verlag Herder GmbH, Freiburg i. Br., S. 61ff.

4 Rüdiger Runge und Margot Käßmann (Hg.), Kirche in Bewegung. 50 Jahre Deutscher Evangelischer Kirchentag, Gütersloh 1999, S. 35.

5 Vgl. Helmut Donat, Wider den fragwürdigen Umgang mit der Vergangenheit. Theodor Lessing und die Umbenennung der Hindenburgstraße in Hannover, Donat Verlag 2022.

6 René Leudesdorff, Salz der Kirche – Dialog mit der Welt, in: Kirche in Bewegung, a. a. O., S. 93 ff.; S. 97.

7 Ralf Fücks: Die Verkehrung von Opfer und Täter ist in vollem Gang; DER SPIEGEL, 13. Juli 2022.

8 Wolf Biermann, Wann wird man je versteh'n, DIE ZEIT, Nr. 44/2022.

9 Georg Ismar, Die Entfremdung. Raketendebatte in der SPD, SZ 5. August 2024.

10 Bericht im STERN, 15. Juli 1982.

11 Uwe Kaminsky, Pädophilie im Fokus, Leipzig 2024.

12 Lilith Volkert, SZ, 5. Dezember 2024.

13 Annemarie Schönherr, Kirchentage in der DDR: Gottes Wege führen weiter, in: Kirche in Bewegung, a. a. O., S. 67 ff.; S. 74.

14 Kirche in Bewegung, a. a. O., S. 177.

15 Ebd. S. 151.

16 Rüdiger Runge und Margot Käßmann (Hg.), Kirche in Bewegung. 50 Jahre Deutscher Evangelischer Kirchentag, Gütersloh 1999

17 Ebd. S. 97.

18 Ebd. S. 98.

19 Ebd. S. 179 f.

20 Ebd. S. 35.

Foto: Julia Baumgart Photography

Vita

Margot Käßmann, Jahrgang 1958, ist eine der bekanntesten kirchlichen Persönlichkeiten Deutschlands. In und nach ihrer Zeit als hannoversche Landesbischöfin und Ratsvorsitzende der Evangelischen Kirche in Deutschland gewann sie mit ihrer offenen und geradlinigen Art die Wertschätzung und Sympathien vieler Menschen. Sie ist Mutter von vier erwachsenen Töchtern und Großmutter von sieben Enkelkindern.

https://margotkaessmann.de/

Halt finden in unsicheren Zeiten

Viele Konflikte in der Welt spitzen sich zu, persönliche
Krisen bleiben nicht aus. Es ist schwer, angesichts all dessen
Hoffnung zu bewahren und sich den eigenen Ängsten zu
stellen. Bestsellerautorin Margot Käßmann nähert sich diesen
Themen aus biblischer und theologischer Sicht, aber auch
ganz persönlich. Sie musste selbst mit schwerer Erkrankung
umgehen und kennt das Gefühl der Bedrängnis. Aber sie weiß
auch: *»Für mich ist der christliche Glaube ein entscheidender
Lebensanker. In Gott kann ich Ruhe, Frieden, Lebensmut,
Hoffnung finden.«*

Margot Käßmann

Farben der Hoffnung

Hardcover mit Schutzumschlag
192 Seiten · 13,5 × 21,5 cm
Durchgehend farbig
ISBN 978-3-96340-225-8
€ (D) 22,00

**Mit leuchtenden Bildern
von Eberhard Münch**

Besuchen Sie uns im Internet:
www.bene-verlag.de

Originalausgabe April 2025
© 2025 bene! Verlag
Ein Imprint der Verlagsgruppe
Droemer Knaur GmbH & Co. KG
Maria-Luiko-Straße 54, 80636 München
Alle Rechte vorbehalten. Das Werk darf – auch teilweise – nur
mit Genehmigung des Verlags wiedergegeben werden.
Die Nutzung unserer Werke für Text- und Data-Mining im
Sinne von § 44b UrhG behalten wir uns explizit vor.
Lektorat: Stefan Wiesner
Gestaltung: Maike Michel
Coverabbildung: Bobby Syahronanda / stock.adobe.com
Druck und Bindung: CPI books GmbH, Leck
ISBN 978-3-96340-330-9

Kontaktadresse nach
EU-Produktsicherheitsverordnung:
produktsicherheit@droemer-knaur.de

5   4   3   2   1